AI 프롬프트 의미 설계

인공지능총서

인공지능 시대입니다. 기계가 인간의 인지를 대신하고, 사물이 인간을 통하지 않고 다른 사물과 직접 커뮤니케이션합니다. 이에 따른 인간 삶과 문명 변화를 정확히 이해·예측·대응하는 것은 이 시대 우리 모두의 과제입니다. 인공지능총서는 인공지능 기술과 환경의 여러 주제를 10가지 키워드로 정리합니다. 관련 개념과 이론, 학계와 산업계의 쟁점, 우리 일상의 변화를 다룹니다. 인간과 기술의 현재, 미래를 세심히 분석합니다.

일러두기

- 인명, 작품명, 저서명, 개념어 등은 한글과 함께 괄호 안에 해당 국가의 원어를 병기했습니다.
- 외래어 표기는 현행 어문규정의 외래어표기법을 따랐습니다. 다만 설루션 등은 관행을 따르고, 컴퓨터 명령어 등 번역어로 대체되지 않는 표현은 원어를 사용했습니다.

처음이세요?

전문가세요?

지금, 큐알 찍으면

- 🎁 AI 입문서 바로 선물
- 📚 당신만의 필독서 추천
- 📖 500권 요약본 공짜
- 🎧 오디오북 무료 사용

AI 프롬프트 의미 설계

김한성

대한민국, 서울, 커뮤니케이션북스, 2025

AI 프롬프트 의미 설계

지은이 김한성
펴낸이 박영률

초판 1쇄 펴낸날 2025년 8월 7일

커뮤니케이션북스(주)
출판 등록 2007년 8월 17일 제313-2007-000166호
02880 서울시 성북구 성북로 5-11
전화(02) 7474 001, 팩스(02) 736 5047
commbooks@commbooks.com
www.commbooks.com

ISBN 979-11-430-0768-1 03500

책값은 뒤표지에 표시되어 있습니다.

차례

프롬프트, 인간과 AI를 연결하다

"프롬프트는 명령어가 아니다. 그것은 인간과 AI가 함께 의미를 만들어 가는 설계도다."

이것이 이 책의 핵심 주장이다. 2025년 현재, 전 세계 1억 명 이상이 매일 챗GPT(ChatGPT)로 일정을 관리하고, 클로드(Claude)로 논문을 검토하며, 제미나이(Gemini)로 비즈니스 전략을 수립한다. 그러나 대부분은 "내일 날씨 알려 줘", "간단한 메일 작성해 줘" 같은 초보적 요청을 반복할 뿐, AI의 진정한 잠재력을 거의 끌어내지 못하고 있다. 왜일까? 그것은 AI와 깊이 있게 소통할 수 있는 구체적이고 명확한 프롬프트를 설계하는 방법을 충분히 이해하지 못했기 때문이다.

AI 시대의 역설

우리는 가장 강력한 지능 도구를 손에 쥐고 있으면서도 이를 제대로 활용하지 못하고 있다. 많은 사람들은 단순하고 기본적인 요청만을 반복한다. 이는 최첨단 스마트폰을 통화 기능만 쓰면서 다양한 앱과 기능을 활용하지 않는 것과 유사하다.

서울의 한 B2B SaaS(Software as a Service, 서비스형 소프트웨어) 스타트업 대표가 겪을 만한 상황을 떠올려 보자. 매일 챗GPT를 사용했지만 늘 아쉬웠다. "시장 분석 자료를 만들어 줘"라고 요청하면 일반적인 보고서가 나왔다. "더 구체적으로"라고 해도 깊이가 없었다. 그러던 어느 날 다른 방식을 시도했다. "당신은 10년 경력의 B2B SaaS 시장 분석가로 한국 중소기업의 디지털 전환 시장을 분석하되, 시장 규모와 성장률, 주요 플레이어와 점유율, 고객 고충 사항, 진입 전략을 포함해 주세요." 결과는 놀라웠다. 구체적인 수치, 실제 기업 사례, 한국 시장의 특수성까지 담긴 전문적인 분석이 나왔다. 같은 AI, 다른 결과. 그 차이는 프롬프트에 있었다.

이는 개인의 경험에 그치지 않는다. 최근 프롬프트 엔지니어링 연구에서도 이러한 현상이 과학적으로 입증되고 있다. 프롬프트의 구조와 구체성이 AI 응답의 품질에 결정적 영향을 미치며, 특히 역할 지정과 맥락 제공이 포함된 프롬프트는 단순 지시문 대비 평균보다 현저히 향상된 관련성과 정확성을 보인다(Liu et al., 2021). 문제의 핵심은 우리가 AI를 여전히 '명령을 수행하는 도구'로만 인식한다는 데 있다.

하지만 현대의 AI는 다르다. 그것은 우리와 함께 생각하고, 창조하고, 문제를 해결할 수 있는 지적 파트너다. 인간과 AI가 협업할 때 기업의 성과가 크게 향상되며, 특히 인간의 창의성과 AI의 처리 능력이 결합될 때, 가장 효과적이라는 연구 결과가 이를 뒷받침한다(Wilson & Daugherty, 2018).

인간과 기계의 인터페이스를 돌아보면, 1950년대 천공 카드는 인간이 기계의 언어를 배워야 했다. 1970년대 명령 줄 인터페이스는 조금 나아졌지만 여전히 암호 같은 명령어를 외워야 했다. 1984년 매킨토시의 GUI (Graphical User Interface, 그래픽 사용자 인터페이스)는 혁명이었다. 처음으로 기계가 인간의 방식을 따라왔다. 2007년 아이폰의 터치 인터페이스는 더욱 직관적이었다.

그리고 2020년대, 우리는 언어 인터페이스를 넘어 '인지적 인터페이스(Cognitive Interface)' 시대로 진입하고 있다. 인지적 인터페이스는 사용자의 의도, 맥락, 목표를 종합적으로 이해하고, 이를 AI가 처리 가능한 형태로 변환하는 적응적 매개체다. 단순히 명령을 전달하는 것이 아니라, 의미를 함께 구성하는 것이다.

프롬프트의 진정한 의미

프롬프트를 단순한 명령어로 보는 것은 오해다. "시장 분석해 줘"와 "B2B SaaS 스타트업의 관점에서 한국 중소기업 디지털 전환 시장을 분석하되, 진입 장벽과 기회를 중심으로 설명해 줘"의 차이는 단순히 구체성의 문제가 아니다. 전자는 명령이고, 후자는 의미의 설계다.

AI는 인간처럼 맥락을 '이해'하지 않는다. 대규모 언어 모델은 "형식을 다룰 뿐 의미를 이해하지 못한다" (Bender & Koller, 2020). 대신 주어진 텍스트의 패턴을 분석하고, 학습된 수조 개의 문서에서 가장 적절한 응답 패턴을 찾아낸다. 트랜스포머(Transformer) 아키텍처의 핵심인 어텐션(Attention) 메커니즘은 바로 이러한 패턴 매칭을 수행한다(Vaswani et al., 2017). 따라서 프롬프트는 AI가 올바른 패턴을 찾도록 안내하는 지도와 같다. 우리가 의도하는 의미의 공간으로 AI를 이끄는 설계도인 것이다.

이러한 관점에서 프롬프트는 세 가지 본질적 특성을 갖는다. 첫째, 구조성이다. 무작위 생각의 나열이 아닌, 체계적으로 조직된 의미의 구조를 갖는다. 구조화된 프롬프트가 AI의 추론 능력을 크게 향상한다는 것은 여러 연구에서 입증되었다. 둘째, 맥락성이다. AI가 참조해야

할 배경과 제약을 명확히 제공하는 맥락의 설계가 필요하다. 셋째, 목적성이다. 원하는 결과를 향해 AI의 처리 과정을 안내하는 의도의 구현이 핵심이다.

전통적인 컴퓨터 명령어를 생각해 보자. "copy file1 file2"는 명확하다. 입력과 출력이 1:1로 대응된다. 예측 가능하고 기계적이다. 하지만 AI 프롬프트는 다르다. "이 상황을 분석해 줘"라는 같은 요청도 맥락, 역할, 목적에 따라 완전히 다른 결과를 만든다. 이는 프롬프트가 단순 명령이 아닌 '의미의 씨앗'이기 때문이다.

여기서 중요한 철학적 질문이 제기된다. AI가 진정으로 의미를 '이해'하지 못한다면, 어떻게 의미 있는 결과를 만들 수 있을까? 철학자 존 설의 '중국어 방' 논증은 이 모순을 지적한다(Searle, 1980). 방 안의 사람은 준비된 책의 지침에 따라 중국어를 완벽히 처리하지만, 실제로는 의미를 모른다는 것이다.

그러나 AI의 '이해'가 인간과 다르다고 해서 무의미한 것은 아니며, 오히려 다른 형태의 지능으로 볼 수 있다. 프롬프트 의미 설계는 바로 이 지점에서 출발한다. 이해의 부재에도 불구하고, 적절히 설계된 프롬프트는 AI로 하여금 인간에게 의미 있는 결과를 생성하게 할 수 있다. 의미는 AI 안에 있는 것이 아니라, 인간과 AI의 상호작용

속에서 창출된다.

프롬프트 의미 설계

이러한 통찰에서 '프롬프트 의미 설계(Prompt Meaning Design, PMD)'가 탄생했다. PMD는 단순히 "좋은 프롬프트를 쓰는 법"이 아니다. 그것은 인간이 가진 의도를 AI가 잘 이해하고 실행할 수 있도록 연결해 주는 체계적 방법이다.

PMD는 인간의 생각과 목적을 AI가 알아들을 수 있는 방식으로 정리해 주는 설계 과정이다. 이 과정은 인간의 인지 방식, 의도 그리고 상황(맥락)에 대한 정보를 함께 고려해 구성한다. 사용자의 언어적 입력을 단순히 전달하는 수준을 넘어, AI 시스템이 요구된 작업을 명확하게 인지하고 정확한 결과를 도출할 수 있도록 최적의 인지적 맥락을 제공하는 고차원의 의미 공학적 활동이다.

프롬프트 엔지니어링이 대규모 언어 모델의 잠재력을 최대한 활용하는 핵심 방법론임은 이미 광범위하게 입증되었다(Chen et al., 2023).

PMD의 세 가지 핵심 원칙은 다음과 같다.

첫째, 의미의 명확성이다. 모호함을 제거하고 의도를 구조화한다. "프로젝트 분석해 줘"가 아닌 "6개월간 진행한 모바일 앱 프로젝트를 예산, 일정, 품질 측면에서 계획 대비 실제를 비교 분석하고, 주요 교훈 3가지를 도출해 줘"처럼 구체화한다.

둘째, 창의적 제약이다. 무한한 자유보다 적절한 제약이 더 창의적 결과를 낳는다. "혁신적인 아이디어를 내줘"보다 "기존 제품의 단점을 반대로 생각해서 새로운 제품 아이디어 3개를 제시해 줘"가 더 독창적 결과를 만든다.

셋째, 윤리적 방향성이다. 모든 프롬프트는 가치를 담으며, 이를 의식적으로 설계해야 한다. "20대 소비자 분석"이 아닌 "20대 소비자의 다양성을 인정하고, 편견 없이 데이터 기반으로 분석해 줘"로 윤리적 고려를 명시한다.

이러한 원칙들은 단순한 가이드라인이 아니다. 그것은 AI 시대에 인간이 주도권을 잃지 않고, AI와 건설적으로 협업하기 위한 필수 역량이다. 링크드인(LinkedIn)의 2024년 보고서에 따르면 'AI 프롬프트 설계 능력'이 가장 빠르게 성장하는 직업 기술 중 하나로 부상했다는 사실이 이를 뒷받침한다. PMD가 미래 직업 시장의 핵심 경쟁력임을 시사한다.

아이템 10개의 체계적 접근

이 책은 PMD를 10개의 핵심 측면에서 체계적으로 탐구한다. 각 장은 독립적이면서도 유기적으로 연결되어, 이론에서 실무로, 기초에서 심화로 자연스럽게 발전한다. 이는 학습자가 점진적으로 복잡한 개념을 습득할 수 있도록 하는 교육학적 설계를 따른다(Vygotsky, 1978).

이론적 기초(1~3장)는 AI가 언어를 처리하는 방식을 이해하는 데서 출발한다. 1장 '언어 연산'은 AI가 어떻게 의미를 '이해'하지 않고도 언어를 처리하는지 탐구한다. 언어의 벡터 표현과 확률적 처리를 다룬다. 2장 '어텐션 메커니즘'은 AI가 중요한 정보에 집중하는 방식을 다룬다. 3장 '맥락 창'은 AI의 기억 한계와 이를 관리하는 전략을 제시한다.

실무적 방법론(4, 6장)은 체계적 설계 방법을 제공한다. 4장 '프롬프트 프레임워크'는 역할(Role), 맥락(Context), 목적(Objective), 형식(Format), 평가(Evaluation)의 5요소를 통한 구조적 접근을 소개한다. 6장 '메타 프롬프팅'은 AI가 스스로를 개선하도록 하는 재귀적 방법론을 탐구한다.

창의적 활용(5, 7장)은 프롬프트의 예술적 측면을 다룬다. 5장 '생성적 상상력'은 AI의 창의성이 어떻게 작동하는지, 어떻게 이를 극대화할 수 있는지 탐구한다. 7장 '기호학적 모델링'은 기호학을 프롬프트 설계에 적용하는 이 책만의 독창적 접근이다. 기호-대상-해석체의 삼원 구조가 어떻게 프롬프트-AI-응답의 관계로 변환되는지 탐구한다.

윤리적 실천(8~10장)은 책임 있는 AI 활용을 지향한다. 8장 '윤리적 프롬프트 설계'는 편향을 줄이고 안전성을 높이는 방법을 다룬다. 9장 '설명 가능한 프롬프팅'은 AI의 추론 과정을 투명하게 만드는 기법을 소개한다. 10장 '인간-AI 이해 프로토콜'은 미래의 협업 모델을 제시한다.

이러한 구성은 단순한 나열이 아닌, 음계 학습 후 곡을 연주하듯, 각 요소가 점진적 숙련을 거치면서 프롬프트 역량으로 통합되는 과정으로 설계했다.

더 중요한 것은 독자가 자신의 배경과 목적에 따라 다른 경로를 선택할 수 있다는 점이다. 개발자 기술적 원리에서 출발해 2장(어텐션 메커니즘), 3장(맥락 창), 6장(메타 프롬프팅), 9장(설명 가능한 프롬프팅) 순서로 학습할 수 있다. 비즈니스 리더는 실무 적용에 초점을 맞춰 4장(프레임워크)에서 시작해 8장, 9장, 10장으로 진행하는 것이 효과적이다. 창작자는 5장(생성적 상상력)에서 출발해 7장, 4장, 6장의 순서로 창의적 활용 능력을 기를 수 있다. 연구자는 7장(기호학적 모델링)의 이론적 깊이에서 시작해 1, 2, 3장으로 기초를 다지는 역순 접근이 가능하다.

이 책의 범위와 전망

모든 책에는 한계가 있다. 특히 빠르게 발전하는 AI 분야에서는 더욱 그렇다. 이 책은 텍스트 기반 프롬프트에 초점을 맞추며, 멀티모달 프롬프팅은 깊이 다루지 못했다. 텍스트를 넘어 이미지, 음성, 영상을 통합하는 시대가 이미 시작되었지만, 효과적인 멀티모달 프롬프트 설계는 아직 미개척 영역이다. AI 에이전트 간 프로토콜도 다루지 못한 주제다. 오토GPT(AutoGPT), 베이비AGI(BabyAGI) 같은 자율 AI 에이전트의 등장으로 이제는 AI가 다른 AI에 작업을 할당하는 시대가 열렸다. 이는 인간 대상 프롬프트와는 다른 설계 원칙을 요구한다.

실시간 적응형 프롬프팅도 미래의 과제다. 현재 대부분의 프롬프트는 정적이지만, 미래에는 사용자의 의도 변화와 상황에 따라 동적으로 최적화되는 프롬프트가 등장할 것이다. 도메인 특화 프롬프트의 심화 연구도 필요하다. 의료, 법률, 금융 등 각 분야의 고유한 언어와 논리를 반영한 온톨로지 기반 프롬프트 개발은 아직 초기 단계다.

그러나 이러한 한계에도 불구하고, 이 책이 제시하는 AI의 작동 방식에 대한 이해, 체계적 프롬프트 설계 방법론, 윤리적 책임감, 창의적 활용이라는 기본 원칙은 기술이 아무리 발전해도 유효하다. 왜냐하면 기술은 도구일 뿐, 중요한 것은 우리가 그것으로 만들어 낼 의미이기 때문이다.

한국 독자를 위한 특별한 의미

이 책은 한국 독자를 특별히 염두에 두고 썼다. 한국은 세계 최고의 디지털 인프라와 빠른 기술 수용력을 자랑한다. 그러나 아직 AI를 단순한 '도구'로만 보는 경향이 있다. 이는 한국의 잠재력을 충분히 발휘하지 못하게 하는 제약이다.

지면상의 제약으로 충분하지는 못했지만 한국어의 특성을 최대한 고려했다. 높임말, 맥락 의존성, 함축적 표현은 AI 프롬프트 설계에 독특한 도전과 기회를 제공한다. "보고서 작성해 줘"라는 같은 요청도 한국에서는 상황에 따라 완전히 다르다. 임원 보고는 형식적이고 보수적이어야 하고, 팀 내 공유는 실무적이고 직접적이어야

하며, 대외 발표는 시각적이고 임팩트가 있어야 한다. 이러한 맥락의 중요성을 이해하고 프롬프트에 반영하는 것이 한국형 PMD의 핵심이다.

한국의 조직 문화는 중요한 고려 사항이다. 위계적이면서도 협력적인 문화 속에서 AI를 어떻게 활용할 것인가? 한국어의 경어 체계는 AI 프롬프트 설계에도 중요한 함의를 갖는다. 이 책은 한국적 맥락에서의 AI 협업 모델을 제시하기 위한 첫 시도다.

의미 설계자로의 초대

프롬프트는 인간과 AI를 연결하는 새로운 언어다. 그것은 단순한 기술이 아닌, 우리가 AI와 함께 의미를 만들어 가는 방식이다. 이 책은 그 여정의 지도가 되고자 한다.

가장 중요한 것은 실천이다. 책을 읽는 것만으로는 충분하지 않다. 내일 당장 시도해 볼 수 있는 것들이 있다. 평소 사용하던 프롬프트를 PMD 원칙으로 재설계해 보라. "당신은 ~입니다"로 시작하는 역할 부여를 시도해 보라. "이 질문을 더 좋게 만들어 줘"라는 메타 프롬프팅을 요청해 보라. 편향이나 오해를 부를 수 있는 부정확한 정보가 없는지 윤리적으로 점검하라. 효과적인 프롬프트를 발견하면 "보고서 초안 생성 프롬프트" 같은 제목으로 동료와 공유하라.

매일 AI와 대화하면서 다양한 프롬프트를 실험하고, 결과를 관찰하고, 지속적으로 개선해야 한다. 때로는 예상치 못한 결과에 놀라고, 때로는 실패에서 배우면서, 자신만의 프롬프트 스타일을 개발해 나가는 것이다.

AI 시대, 우리 모두는 의미의 설계자가 될 수 있고, 그렇게 되어야 한다. 프롬프트를 통해 AI와 협업해 마케팅 전략을 더 정확하게 예측하고, 복잡한 과학 연구를 신속히 수행하며, 창의적인 예술 작품을 공동으로 창작할 수 있다.

예컨대, 마케팅 담당자는 특정 소비자 그룹의 관심을 정확히 겨냥한 캠페인을 기획할 수 있고, 과학자는 막대한 데이터를 분석해 신약 개발의 기간을 획기적으로 단축할 수 있으며, 예술가는 AI의 창의적 제안을 통해 혁신적인 디자인과 콘텐츠를 만들어 낼 수 있다. 이처럼 인간의 창의성과 AI의 능력이 만날 때, 우리는 전에 없던 혁신과 발전의 가능성을 현실로 만들 수 있다.

이 책이 그 첫걸음이 되기를 바란다. 완벽한 지도는 아니지만, 방향은 제시할 수 있다. 언젠가는 프롬프트도 필요 없어질 것이다. AI가 우리의 의도를 완벽히 이해하는 날이 올 것이다. 하지만 그때도 변하지 않는 것이 있다. 바로 '의미를 함께 만들어 간다'는 본질이다.

의미는 주어지는 것이 아니라 만들어 가는 것이다, AI와 함께.

참고문헌

Bender, E. M. & Koller, A.(2020.7). Climbing towards NLU: On meaning, form, and understanding in the age of data. *Proceedings of the 58th annual meeting of the Association for computational linguistics*, pp.5185-5198, https://aclanthology.org/2020.acl-main.463/

Chen, B. et al.(2023.10.23). Unleashing the potential of prompt engineering for large language models. *ArXiv,* https://arxiv.org/abs/2310.14735

Liu, P. et al.(2021.7.28). Pre-train, prompt, and predict: A systematic survey of prompting methods in natural language processing. *ArXiv,* https://arxiv.org/abs/2107.13586

Searle, J. R.(1980). Minds, brains, and programs. *Behavioral and brain sciences,* 3(3), pp.417-457, https://web-archive.southampton.ac.uk/cogprints.org/7150/1/10.1.1.83.5248.pdf

Vaswani, A. et al.(2017.6.12). Attention is all you need. *Advances in neural information processing systems,* 30, pp.5998-6008, *ArXiv,* https://arxiv.org/abs/1706.03762

Vygotsky, L. S.(1978). *Mind in society: The development of higher psychological processes.* Harvard University Press ;조희숙, 황해익, 허정선, 김선옥 옮김. 박철용 감수(2000). 《비고츠키의 사회 속의 정신》. 양서원(초판 1994. 《사회 속의

정신》. 조희숙 옮김. 성원사).
Wilson, H. J. & Daugherty, P. R.(2018.7). Collaborative intelligence: Humans and AI are joining forces. *Harvard Business Review,* 96(4), pp.114-123, https://hbr.org/2018/07/collaborative-intelligence-humans-and-ai-are-joining-forces

01
언어 연산

챗GPT는 한국어를 이해하지 못한다. 그런데 왜 완벽한 한국어로 답할까? 이 역설이 프롬프트 설계의 출발점이다. AI는 의미를 모른 채 언어의 패턴을 계산하고, 우리는 그 계산 결과를 의미로 해석한다. 이 간극을 이해하는 것이 효과적인 프롬프트 설계의 첫걸음이다.

AI와 1인 창업?

계산된 언어, 이해 없는 응답

"안녕하세요"라고 챗GPT(이하 AI)에게 인사하면, AI는 정말 당신에게 인사하는 걸까? 실험을 해보자. AI에 다음 세 가지를 입력해 보라:

"안녕", "안녕하세요", "안녕하십니까"

응답이 각각 다를 것이다. 첫 번째는 캐주얼하고, 두 번째는 일반적이며, 세 번째는 격식을 갖춘다. 응답의 차이는 AI가 의미를 이해했다기보다는, 학습된 통계적 패턴에 따라 다음 단어를 예측했기 때문이다.

AI에게 "안녕하세요"는 이렇게 처리된다:

입력: "안녕하세요"

↓

토큰화: [31246, 47623, 19406](예시 토큰 번호).

↓

벡터 변환: [0.23, -0.67, 0.89…](12,288개의 숫자).

↓

확률 계산: 다음에 올 가능성 높은 토큰 예측.

↓

출력: "안녕하세요! 무엇을 도와드릴까요?"

각 단계를 자세히 보자. 토큰화는 한국어를 AI가 처리할 수 있는 숫자로 바꾸는 과정이다. 마치 모스 부호가 문자를 점과 선으로 바꾸듯, AI는 모든 텍스트를 숫자로 변환한다. "안녕하세요"라는 인사말이 [31246, 47623, 19406]이라는 숫자 조합이 되는 것이다.

단어를 숫자로 읽은 AI의 방식

그다음이 흥미롭다. 각 토큰은 고차원 벡터로 변환된다. 이를 이해하기 쉽게 비유하면, 사람을 설명할 때 키, 몸무게, 나이, 성격, 취미 등 수많은 특성으로 표현하듯, AI는 각 단어를 수천 개의 수치로 표현한다. 트랜스포머 모델은 이 벡터 표현으로 단어 간의 의미 관계를 포착한다 (Vaswani et al., 2017).

이처럼 수천 개의 수치 표현이 필요한 이유는, 단어 간의 미묘한 차이를 벡터 공간상에서 정밀하게 구분하기 위해서다. "먹다"와 "드시다"의 차이, "집"과 "가정"의 뉘앙스, "빨갛다"와 "붉다"의 느낌, 이 모든 것이 벡터 공간의 거리로 표현된다. 실제로 AI 언어 모델은 문맥에 따라 같은 단어도 다른 벡터로 표현하는 능력을 보여 준다 (Devlin et al., 2019).

AI에게 "책을 읽다", "도서를 독서하다", "책을 읽어요"

라는 세 문장을 각각 입력하면 흥미로운 현상이 나타난다. 이들은 모두 독서를 의미하지만, 일반적 표현, 한자어 표현, 구어체 표현으로 각각 다르다.

AI가 세 가지 인사말에 각각 다른 톤으로 답하는 이유는 간단하다. AI는 같은 단어라도 문맥에 따라 다르게 해석하기 때문이다. 마치 '사과'라는 단어가 과일을 뜻할 수도, 사죄를 뜻할 수도 있는 것처럼, AI는 비슷한 의미의 표현들을 서로 가까운 곳에 모아 두고 상황에 맞는 것을 골라 사용한다. 이것이 바로 AI가 우리말의 뉘앙스를 구분하는 방법이다.

대규모 언어 모델은 수천억에서 수조 개의 매개 변수를 가지고 있다. 예를 들어 GPT-3는 1,750억 개의 매개 변수로 작동한다. 이 숫자를 실감하기 어렵다면, 지구상 모든 사람이 각자 20개 이상의 스위치를 관리한다고 상상해 보라. 그 모든 스위치가 서로 연결되어 언어를 생성한다. 각 매개 변수는 특정 패턴을 강화하거나 약화한다 (Brown et al., 2020).

AI의 한계와 인간의 해석

그런데 재미있는 것은, AI는 이 모든 과정에서 '의미'를 전혀 모른다는 점이다. AI에게 "안녕하세요"는 그저 숫자의 나열일 뿐이다. 존 설의 '중국어 방' 논증에 따르면, 기호 조작만으로는 진정한 이해가 불가능하다(Searle, 1980). 형태는 완벽하지만, 의미는 없다.

그렇다면 왜 우리는 AI가 '이해한다'고 느낄까? 인간은 패턴에서 의미를 찾는 경향이 있다. AI가 "힘드셨겠네요"라고 하면, 우리는 AI가 정말 우리 마음을 안다고 느낀다. 하지만 AI는 감정이 아니라 통계적으로 적합한 표현을 선택하는 것이다.

토큰에서 문맥으로

AI가 개별 단어(토큰)를 넘어 전체 문맥을 이해하는 과정은 놀라운 확률의 마법과 같다. 단순히 단어를 나열하는 것이 아니라, 시간과 상황이 만들어 내는 문맥의 그물망 속에서 가장 적절한 표현을 찾아낸다. 이 과정을 가장 잘 보여 주는 예가 바로 한국어의 복잡한 변화 체계다.

한국어는 AI에게 특별한 도전이다. 영어의 "eat"가 거의 그대로 쓰이는 것과 달리, 한국어의 "먹다"는 상황에 따라 놀랍도록 다양하게 변신한다. 먹어요(현재), 먹었어요(과거), 먹을게요(미래), 드세요(높임), 잡수세요(더 높임), 먹습니다(격식), 먹는다(평서). 각 변형은 AI가 직접 이해한다기보다는, 빈번한 언어 패턴 학습 결과로 간

접적으로 반영된다.

AI는 이러한 문법 규칙을 '이해'하는 것이 아니라, 수많은 문맥 속에서 나타나는 패턴을 '기억'한다. 실제 데이터를 보면 명확한 패턴이 드러난다. "할머니"가 주어일 때는 "드시다", "친구"가 주어일 때는 "먹다", "교수님"이 주어일 때는 "드시다/잡수시다"가 자연스럽게 따라온다.

직접 실험해 보면 더욱 명확해진다.

"할머니"가 주어 → "드시다"(높은 확률).

"친구"가 주어 → "먹다"(높은 확률).

"교수님"이 주어 → "드시다/잡수시다"(높은 확률).

이는 AI가 한국 문화나 예의를 이해해서가 아니라, 특정 단어 조합의 통계적 패턴을 학습했기 때문이다.

그런데 여기서 정말 흥미로운 점은 같은 주어라도 시간적, 상황적 맥락에 따라 AI의 선택이 완전히 달라진다는 것이다.

예시 1: 시간 표현과 시제

"어제" + 동사 → 과거형 활성화.

"내일" + 동사 → 미래형 활성화.

"지금" + 동사 → 현재형 활성화.

예시 2: 상황과 어투

"회의실에서" → 격식체 유도.

"카톡으로" → 반말체 유도.

"이메일로" → 높임체 유도.

이러한 패턴은 AI가 단순히 단어를 연결하는 것이 아니라, 전체 문맥의 흐름을 읽어 내고 있다는 명확한 증거다. 시간을 나타내는 부사 하나, 장소를 나타내는 조사 하나가 전체 문장의 어조와 형태를 결정짓는 강력한 신호가 되는 것이다.

벡터 공간: 단어 간 의미의 거리 측정법

AI가 시간과 상황에 따라 다른 표현을 선택하는 원리를 이해하면, 우리는 프롬프트를 더욱 전략적으로 설계할 수 있다. 간단한 실험으로 이를 확인해 보자.

비효과적: "이메일 써 줘"

효과적: "거래처 담당자에게 보낼 정중한 비즈니스 이메일

을 작성해 줘"

"거래처", "담당자", "정중한", "비즈니스 이메일"이라는 단어들이 AI의 응답을 다르게 만든다. 이 차이는 각 단어가 특정 언어 패턴을 활성화하기 때문이다. "거래처"는 비즈니스 맥락을, "담당자"는 적절한 호칭을, "정중한"은 높임법 패턴을, "비즈니스 이메일"은 격식체 문체를 각각 활성화한다.

이러한 키워드들은 AI의 벡터 공간에서 마치 조명을 비추듯 특정 영역을 밝힌다. 각 단어는 독립적인 스위치처럼 작동하면서도, 함께 모여 전체적인 응답의 톤과 스타일을 만들어 낸다.

단어 임베딩 연구에 따르면, 의미적으로 유사한 단어들은 벡터 공간에서 가까이 위치한다(Mikolov et al., 2013). AI는 이 거리를 계산해서 문맥에 맞는 표현을 선택한다. 마치 거대한 언어 지도에서 가장 가까운 단어를 찾아 연결하는 것처럼 말이다.

프롬프트로 확률을 조정하는 법

이제 핵심이다. 프롬프트는 AI의 확률 공간에서 특정 영역을 활성화하는 스위치다.

AI의 언어 생성 과정을 거대한 오케스트라로 상상해 보자. 수백 명의 연주자(단어와 개념들)가 각자의 악기를 들고 대기하고 있다. 프롬프트는 지휘자의 지휘봉이다. “설명해 줘”라고 지휘하면 평범한 멜로디가 흘러나오지만, “초등학생도 이해할 수 있게 쉽게 설명해 줘”라고 지휘하면 전혀 다른 악장이 연주된다.

지휘봉의 미세한 움직임 하나가 현악기를 깨우고, 다른 제스처는 관악기를 불러낸다. “전문적으로”라는 단어는 첼로와 콘트라베이스의 중후한 소리를, “재미있게”는 플루트와 트라이앵글의 경쾌한 음색을 이끌어 낸다.

이것이 같은 질문에도 매번 다른 답변이 나오는 이유다. 우리가 선택한 단어들이 AI라는 오케스트라의 서로 다른 섹션을 활성화하고, 그들이 어우러져 독특한 하모니를 만들어 낸다.

효과적인 프롬프트는 단순한 요청이 아니라, 이 거대한 앙상블을 정교하게 지휘하는 예술이다. 너무 딱딱한 연주인가? “친근하게”라는 지시로 현악기의 비브라토를 더하자. 너무 단조로운가? “구체적인 예시와 함께”로 다채로운 타악기를 추가하자.

지금부터 소개할 세 가지 프라이밍 기법은 당신을 능숙한 AI 지휘자로 만들어 줄 구체적인 지휘법이다.

기법 1. 어휘 프라이밍: 단어로 스타일 바꾸기

특정 단어들을 전략적으로 사용해 AI의 응답 스타일과 내용을 조절하는 기법이다. 프롬프트에 포함된 각 단어가 AI의 언어 생성 네트워크에서 특정 패턴을 활성화하는 강력한 신호로 작용한다.

[대상] + [수준] + [행동]:

"CEO를 위한 + 핵심만 간단히 + 요약해 줘"

"개발자를 위한 + 기술적으로 + 분석해 줘"

"고객을 위한 + 친절하게 + 안내해 줘"

기법 2. 구조 프라이밍: 형식으로 사고 유도하기

구조를 제시하면 AI의 사고도 구조화된다. 생각의 연결고리(Chain-of-Thought, CoT) 프롬프팅 연구는 단계별 추론을 명시적으로 요청할 때 AI의 성능이 크게 향상됨을 보여 준다(Wei et al., 2022).

이전: "마케팅 전략 알려 줘"

→ 산만하고 일반적인 답변.

이후: "스타트업 B2B SaaS 마케팅 전략을 다음 구조로 설명

해 줘: 1) 타겟 고객 정의, 2) 핵심 가치 제안, 3) 채널 전략, 4) 성과 측정 지표"

→ 체계적이고 실용적인 답변.

기법 3. 복합 프라이밍: 프롬프트 설계의 시너지

진짜 마법은 여러 프라이밍을 조합할 때 일어난다. 복합적인 프롬프트 설계가 단일 지시보다 훨씬 효과적이라는 것은 여러 연구에서 입증되었다.

"당신은 [전문가 역할]입니다.
[구체적 상황/배경]을 고려해,
[대상 독자]가 이해할 수 있도록,
[원하는 형식]으로,
[핵심 목적]을 달성하는 답변을 주세요."

참고문헌

Brown, T. B. et al.(2020.5.28). Language models are few-shot learners. *Advances in neural information processing systems,* 33, pp.1877-1901. *ArXiv,* https://arxiv.org/abs/2005.14165

Devlin, J. et al.(2019). BERT: Pre-training of deep bidirectional transformers for language understanding. *Proceedings of NAACL-HLT,* pp.4171-4186, https://aclanthology.org/N19-1423/

Mikolov, T. et al.(2013.1.16). Efficient estimation of word epresentations in vector space. *ArXiv*, https://arxiv.org/abs/1301.3781

Searle, J. R.(1980). Minds, brains, and programs. *Behavioral and brain sciences, 3*(3), pp.417-457, https://web-archive.southampton.ac.uk/cogprints.org/7150/1/10.1.1.83.5248.pdf

Vaswani, A. et al.(2017.6.12). Attention is all you need. *Advances in neural information processing systems*, 30, pp.5998-6008, *ArXiv*, https://arxiv.org/abs/1706.03762

Wei, J. et al.(2022.1.28). Chain-of-thought prompting elicits reasoning in large language models. *Advances in Neural Information Processing Systems*, 35, pp.24824-24837. *ArXiv*, https://arxiv.org/abs/2201.11903

02
어텐션 메커니즘

AI가 '중요한 것'에 집중한다고? 아니다. 수학적 가중치를 계산할 뿐이다. 그런데 이것이 왜 인간의 주의와 닮았을까? "오늘 날씨가 좋아서 공원에 갔다"에서 AI는 '갔다'와 '공원'의 관계에 0.89라는 숫자를 부여한다. 의미를 모르면서도 의미를 찾아내는 이 역설이 어텐션의 핵심이다.

AI와 MBTI?

주의 메커니즘의 탄생

시끄러운 파티 장을 상상해 보자. 수십 명이 동시에 대화하는 소음 속에서도 누군가 당신의 이름을 부르면 즉시 알아차린다. 인지과학자들은 이를 '칵테일 파티 효과(cocktail party effect)'라고 부른다. 뇌가 수많은 정보 중 중요한 것을 선택적으로 추출하는 능력이다.

2017년, 구글의 연구진은 이 인간의 능력을 수학으로 구현하는 데 성공했다. "Attention is All You Need(어텐션이 전부다)"라는 도발적인 제목의 논문이 AI 역사를 바꿨다. 표면적으로는 인간의 선택적 주의(selective attention)를 모방하지만 계산 방식은 전적으로 통계 기반이다. 이는 기존의 순환 신경망(RNN)과 장단기 메모리(LSTM)의 한계를 극복하는 혁신이었다(Bahdanau et al., 2015).

인간의 주의는 의도적이고 의식적이다. "중요하다"고 판단하고 집중한다. 반면 AI의 주의는 순전히 통계적이다. "오늘 날씨가 좋아서 공원에 갔다"를 처리할 때, 예를 들면 AI는 이렇게 계산한다:

"갔다" ↔ "공원에": 0.89(매우 높은 연관성).

"날씨가" ↔ "좋아서": 0.76(높은 연관성).

"오늘" ↔ "갔다": 0.52(중간 연관성).

"오늘" ↔ "공원에": 0.31(낮은 연관성).

이 숫자들이 의미하는 것은 무엇일까? AI는 수조 개의 문장을 학습하며 발견한 패턴이다. '가다'라는 동사 뒤에 장소가 나올 확률, '날씨'와 '좋다'가 함께 쓰일 빈도, 시간 표현과 동작의 일반적 거리. 이는 쿼리-키(Query-Key) 메커니즘에 의해 수치화된다. AI는 이런 통계적 관계를 어텐션 가중치(attention weight)로 표현한다.

놀라운 것은 이 기계적 계산이 인간의 의미 파악과 유사한 결과를 낸다는 점이다. 우리가 "공원에 갔다"를 하나의 의미 단위로 묶듯, AI도 높은 어텐션 가중치로 이들을 연결한다. 의식 없는 계산이 의식적 이해를 흉내 내는 것이다.

어텐션 메커니즘의 작동 원리

어텐션 메커니즘의 핵심은 쿼리(Query, Q), 키(Key, K), 밸류(Value, V)라는 세 가지 벡터가 상호작용하는 방식에 있다. 이를 수학적으로 표현하면 다음과 같이 복잡한 수식이지만 본질은 단순하다.

Attention(Q, K, V) = softmax(QK^T / √d_k)V

이를 풀어 보면,

QK^T: 각 단어 간의 연관성 점수 계산

÷ √d_k: 점수를 정규화해 안정화

softmax: 확률 분포로 변환(합이 1이 되도록)

× V: 확률에 따라 정보를 가중 평균

AI가 각 단어들이 서로 얼마나 관련 있는지 계산하고, 그 관련성에 따라 정보를 조합해 의미를 만들어 내는 것이다(Vaswani et al., 2017).

"영희가 도서관에서 역사책을 빌렸다"라는 문장으로 이 과정을 살펴보자. '빌렸다'가 AI가 주목(attention)하는 즉, 자신의 의미를 찾아가는 과정의 단서다.

[어텐션 메커니즘 처리 과정]

1단계: "빌렸다"가 질문한다(Query)

→ "나("빌렸다")와 관련된 정보는 무엇인가?"

2단계: 모든 단어가 응답한다(Key)

"영희는" → 0.85(주체)

"도서관에서" → 0.72(장소)

"역사책을" → 0.91(대상)

"." → 0.03(무관)

3단계: 중요도에 따라 정보를 선택한다(Value)

역사책(0.91) + 영희(0.85) + 도서관(0.72)

4단계: 가중 평균으로 최종 의미 구성

→ "빌렸다" = 영희가 + 도서관에서 + 역사책을

어텐션 메커니즘의 작동 방식은 도서관에서 책을 찾는 과정과 유사하다. "한국 현대사 책"을 요청하면, 사서가 모든 책을 확인하고, 관련도순으로 선별해 가져다주듯, AI도 각 단어의 연관성을 점수화해 필요한 정보만 추출한다.

'빌렸다'는 역사책(0.91)과 가장 강하게 연결되고, 영희(0.85), 도서관(0.72) 순으로 관계를 맺는다. 이 점수들이 가중 평균되어 '영희가 도서관에서 역사책을 빌렸다'는 완전한 의미가 만들어진다.

인간이 직관적으로 파악하는 문장의 의미를 AI는 이런 수학적 계산으로 구현한다. 이 메커니즘은 정보 검색 이론에서도 최적의 방법으로 인정받고 있다(Luong et al., 2015).

셀프 어텐션: 문장의 자기 인식

문장을 읽을 때 우리는 자연스럽게 앞뒤를 오가며 의미를 파악한다. '그녀'가 나왔다가 나중에 '자신'이 나오면, 우리 뇌는 즉시 둘을 연결한다. 하지만 전통적인 AI는 이런 유연한 읽기가 불가능했다.

기존 AI는 문장을 테이프처럼 한 방향으로만 읽었다. "그녀는 은행에 갔다가 친구를 만나서 커피를 마시며 자신의 새로운 사업 계획을 설명했다"라는 문장에서 '자신'이 누구인지 알려면 문장 처음의 '그녀'를 기억해야 한다. 하지만 순차 모델에서는 거리가 멀수록 연결이 희미해진다.

셀프 어텐션 메커니즘(Self-Attention Mechanism)은 이 문제를 근본적으로 해결했다. 모든 단어가 동시에 서로를 '바라볼' 수 있게 만든 것이다. '자신의'가 문장 내 모든 단어를 스캔하고 연관성을 계산한다. "그녀는"(0.89), "친구를"(0.31), "커피를"(0.12). 가장 높은 점수인 "그녀는"이 참조 대상이 된다.

이 모든 연결이 동시에 일어난다는 것이 핵심이다. 첫 단어와 마지막 단어가 즉각 소통하고, 중간 단어들도 자유롭게 정보를 교환한다. 그 결과 AI는 문맥을 정확히 파악하고, 멀리 떨어진 단어들의 관계도 놓치지 않는다. 셀프 어텐션은 GPT 계열 모델의 문맥 인식 능력의 핵심 구성 요소다.

이 과정을 구체적으로 보면 다음과 같다:

"자신의" → 참조 대상 검색

"그녀는"(0.89)

"친구를"(0.31)

"커피를"(0.12)

→ "그녀는"으로 확정.

멀티 헤드 어텐션의 작동 원리

하나의 관점으로는 복잡한 언어를 완전히 이해할 수 없다. 멀티 헤드 어텐션(Multi-Head Attention)은 이 문제를 독특하게 해결했다. 같은 문장을 여러 전문가가 동시에 분석하는 것이다.

GPT 계열 모델은 수십에서 수백 개의 어텐션 헤드를 활용하며 각각은 다른 측면에 주목한다. 최근 연구는 이러한 헤드들이 실제로 전문화된 역할을 수행함을 보여

준다(Voita et al., 2019). 예를 들면,

Head 1 - 문법 전문가: 주어-동사-목적어 관계

Head 2 - 의미 분석가: 단어 간 의미적 유사성

Head 3 - 위치 추적자: 단어 간 거리와 순서

Head 4 - 장거리 탐정: 멀리 떨어진 연관 관계

Head 5 - 시제 감시자: 시간 표현의 일관성

Head 6 - 주제 관리자: 글의 주제 일관성

Head 7 - 감정 분석가: 정서적 톤과 뉘앙스

Head 8 - 논리 검증자: 인과관계와 추론 구조

각 헤드의 분석이 통합되어 문장의 다층적 의미가 구성된다. 흥미롭게도, 실제로는 두세 개의 헤드만이 핵심 역할을 하고, 나머지는 보조적이라는 것이 밝혀졌다(Voita et al., 2019). 그럼에도 이 '잉여' 헤드들이 있어야 전체 성능이 유지된다. 마치 오케스트라에서 모든 악기가 항상 연주하지 않아도 필요한 것처럼 말이다.

어텐션을 활용한 프롬프트 설계법

어텐션 메커니즘(Attention Mechanism)을 이해했다면, 이제 이 메커니즘을 실전 프롬프트 설계에 적용해 보자.

어떻게 하면 AI가 우리의 의도를 정확히 파악하고 원하는 답변을 할까? 실험적으로 검증된 6가지 전략을 소개한다. 이 방법들은 프롬프트 엔지니어링의 핵심 기법으로 인정받고 있다.

전략 1. 위치의 마법: 핵심은 앞에

AI는 문장 앞부분에 특별한 주의를 기울인다. 특히 한국어는 서술어가 문장 끝에 오는 특성이 있다. 따라서 "~를 중심으로 ~해 주세요" 구조가 AI의 어텐션 메커니즘을 효과적으로 활성화한다.

비효과적: "분석해 주세요. 한국 시장을 중심으로."

효과적: "한국 시장을 중심으로 다음을 분석해 주세요:"

전략 2. 강조 마커의 힘: 시각적 신호 활용

단순한 텍스트에 특별한 표시를 더하면 AI의 집중도가 달라진다.【】, ■, ▷ 같은 시각적 마커는 AI의 어텐션 가중치를 높인다.

평범한 요청: "빠르게 요약해 주세요"

강력한 요청: "【핵심】빠르게 3줄로 요약해 주세요"

전략 3. 구조화의 마법: 번호로 명확하게

AI는 체계적인 구조를 선호한다. 모호한 지시보다 명확한 단계가 효과적이다(Wei et al., 2022).

모호한 표현: "장단점을 설명하고 추천해 주세요"

구조화된 표현:

다음 순서로 답변하세요:

1) 주요 장점 3가지

2) 주요 단점 3가지

3) 종합적 추천

전략 4. 반복 변주의 기술: 같은 의미, 다른 표현

하나의 지시를 여러 방식으로 표현하면 AI의 멀티 어텐션 헤드가 활성화된다.

단순 지시: "정확하게 답하세요"

강화된 지시: "정확성이 중요합니다. 추측이나 가정은 배제하고, 확실한 정보만 제공하세요. 불확실하면 그렇다고 명시하세요."

전략 5. 맥락 프라이밍: 첫 문장의 마법

프롬프트의 첫 문장은 AI의 전체 응답 스타일을 결정하는 렌즈다. 첫 문장 하나가 AI의 전체 처리 방식을 좌우한다.

"기술 문서 스타일로:" → 전문 용어와 객관적 표현
"친근한 대화체로:" → 쉬운 설명과 감성적 연결
"학술적 관점에서:" → 논리적 구조와 인용 강화

전략 6. 긍정 표현의 원칙: 부정어를 피하라

AI는 부정어에 오히려 더 주목하는 역설적 특성이 있다. AI도 우리처럼 부정어가 가리키는 내용에 오히려 집중한다. 원하는 것은 항상 긍정문으로 표현하는 것이 효과적이다.

부정 표현: "장황하게 설명하지 마세요"
긍정 표현: "간단명료하게 핵심만 설명하세요"

이 6가지 전략은 단순한 팁이 아니다. 어텐션 메커니즘의 작동 원리에 기반한 과학적 접근법이다. 하나씩 적용해 보면 AI 응답의 질이 눈에 띄게 향상될 것이다.

참고문헌

Bahdanau, D. et al.(2015.5.19). Neural machine translation by jointly learning to align and translate. *Proceedings of ICLR 2015. ArXiv,* https://arxiv.org/abs/1409.0473

Luong, M.-T. et al.(2015.8.17). Effective approaches to attention-based neural machine translation. *Proceedings of EMNLP 2015,* pp.1412-1421. *ArXiv,* https://arxiv.org/abs/1508.04025

Vaswani, A. et al.(2017.6.12). Attention is all you need. *Advances in neural information processing systems,* 30, pp.5998-6008, *ArXiv,* https://arxiv.org/abs/1706.03762

Voita, E. et al.(2019). Analyzing multi-head self-attention: Specialized heads do the heavy lifting, the rest can be pruned. *Proceedings of ACL 2019,* pp.5797-5808, https://aclanthology.org/P19-1580/

Wei, J. et al.(2022.1.28). Chain-of-thought prompting elicits reasoning in large language models. *Advances in Neural Information Processing Systems, 35,* pp.24824-24837. *ArXiv,* https://arxiv.org/abs/2201.11903

03
맥락 창

AI는 기억이 없다. 오직 현재의 창(window) 안에만 존재한다. 매 순간 새롭게 시작하는 〈메멘토〉의 주인공처럼, AI는 과거를 잊고 현재만을 본다. 그런데 이 '디지털 기억 상실증'이 오히려 프롬프트 설계의 핵심 열쇠가 된다면? 맥락 창의 한계를 이해하고 활용할 때, 우리는 AI와 더 효과적으로 소통할 수 있다.

AI와 난임 극복?

AI는 왜 금방 잊어버릴까

AI가 텍스트를 처리하는 기본 단위는 토큰(token)이다. 그런데 언어마다 토큰 소비량이 다르다는 사실을 아는가?

영어와 한국어는 같은 의미의 표현도 토큰 사용량이 크게 다르다. 예를 들어, 영어로 "Hello"는 1토큰이지만 한국어 "안녕하세요"는 5토큰으로 5배 차이가 난다. GPT-4는 한글 약 16,000자(약 4,000토큰), Claude 3는 한글 약 100,000자를 처리할 수 있지만, 이는 이론상 최댓값일 뿐이며, 실제 사용 시에는 맥락 창이 이보다 훨씬 빠르게 소진된다.

AI 기억은 왜 짧을까?: 계산량과 맥락 창의 상관관계

맥락 창의 크기는 셀프 어텐션의 계산량이 토큰 수의 제곱에 비례해 증가하는 구조적 한계로 인해 제한된다(Vaswani et al., 2017). 1,000토큰에서 100만 번이던 계산이 10,000토큰에서는 1억 번으로 100배 증가하는 이 '제곱의 저주'는 최신 하드웨어로도 극복하기 어렵다(Dao et al., 2022).

이러한 계산 한계는 독특한 기억 왜곡을 만든다. AI는 맥락 창을 10칸짜리 기차처럼 관리하는데, 새 정보가 들어올 때마다 오래된 정보가 밀려나는 선입선출(FIFO, First In, First Out) 방식을 따른다. 흥미롭게도 처음과 끝 정보는 각각 62%와 89%의 어텐션 가중치의 집중 분포를 보이지만, 중간 정보는 31%만 활용되는 'U자형 기억 곡선'을 그린다. 스탠퍼드 연구 팀은 이를 '중간 소실 현상'이라고 명명했는데, 긴 회의에서 첫인사와 마지막 결론만 기억나는 인간의 기억 패턴과 유사하다(Liu et al., 2023).

정보 보존율은 토큰 수에 반비례한다. 2,000토큰에서 94%, 8,000토큰에서 52%, 16,000토큰에서는 31%로 급감한다. 이는 AI가 효율성을 위해 중간 정보를 희생시키고, 처음과 끝에 더 많은 계산 자원을 할당하기 때문이다. 이러한 현상은 AI의 의도가 아닌 어텐션 메커니즘의 구조적 특성에서 비롯된 불가피한 결과다.

긴 대화에서 일어나는 의미의 표류

의미 표류는 AI가 긴 문맥을 처리할 때 초기 설정을 점차 잊어버리는 특성 때문에 발생한다. 따라서 중요한 작업일수록 주기적으로 AI에게 역할과 톤을 상기시켜 줄 필요가 있다.

실제 기업에서 일어난 일이다. 한 기업이 AI로 200페이지 기술 문서를 작성하던 중 흥미로운 현상을 발견했다. 문서가 길어질수록 AI의 전문성이 점차 떨어지는 패턴이 나타난 것이다.

초반부(0-2K 토큰)에서 AI는 "본 API는 RESTful 아키텍처를 준수하며, RFC 7231 표준을 따릅니다"와 같이 정확한 기술 용어와 표준을 명시하며 전문적 톤을 유지했다.

중반부(4-6K 토큰)에서는 "데이터를 쉽게 가져올 수 있는 기능을 제공해요"처럼 기술적 정확성이 떨어지고, 일반적인 표현이 늘어났다.

후반부(8K 토큰 이상)에서는 "우리의 멋진 서비스로 비즈니스 성공을 도와드립니다!" 같은 감성적인 마케팅 문구가 등장하며, 기술 문서답지 않은 추상적 표현들로 가득 찼다.

이는 AI가 긴 문맥을 처리할 때 초기 설정한 전문적 톤을 점차 잃어버리는 현상을 보여 준다. 마치 장거리 달리기 선수가 후반부로 갈수록 페이스를 잃듯, AI도 긴 텍스트 생성에서 초기 스타일 유지에 어려움을 겪는다.

AI의 응답이 변하는 4가지 신호

AI와 긴 대화를 나누다 보면 시간이 지날수록 응답의 품질이 미묘하게 변한다. 이러한 '의미 표류' 현상을 네 가지 패턴으로 분류할 수 있다.

첫째, 문체 붕괴 현상이다. 처음엔 "검토해 주시기 바랍니다"라는 격식체로 시작하지만, 중반엔 "검토해 주세요"로 낮아지고, 후반엔 "검토해 봐"라는 반말로 전락한다. 마치 처음 만난 사람과 대화하다가 어느새 친구처럼 말하게 되는 것과 같다.

둘째, 디테일 증발 현상이다. 초반의 "파이선(Python) 3.8.10, 장고(Django) 4.2.1 환경에서 테스트"라는 구체적 정보가 중반엔 "파이선과 장고로 구현"으로 간략해지고, 후반엔 "프로그래밍으로 만듦"이라는 모호한 표현으로 증발한다. 정밀한 설계도가 점차 낙서로 변하는 셈이다.

셋째, 용어 혼란 현상이다. 같은 대상을 "사용자" → "유저" → "이용자" → "고객"으로 계속 바꿔 부른다. 한번 정의한 약어를 나중에 다시 설명하거나, 아예 다른 의미로 사용하기도 한다. 일관성이 사라지는 것이다.

넷째, 역할 상실 현상이다. "보안 전문가로서 말씀드리면"으로 시작한 AI가 점차 "일반적으로 알려진 바로는"이라는 중립적 표현을 거쳐, 결국 "제 개인적인 생각에는"이라는 평범한 의견으로 후퇴한다. 전문가가 일반

인이 되어 버리는 것이다.

한국어에서 더 심해지는 의미 왜곡

이러한 현상들은 한국어에서 특히 심각하게 나타난다. 한국어의 복잡한 경어 체계와 문맥 의존적 특성이 AI에게 추가적인 도전 과제가 되기 때문이다.

첫째, 높임법의 일관성 붕괴다. 고객 응대 매뉴얼을 작성한다고 해 보자. 처음엔 "고객님께서는…"이라는 극존칭을 사용하다가, 중반엔 "고객은…"로 격이 낮아지고, 후반엔 충격적이게도 "너희들은…"이라는 하대 표현이 튀어나올 수 있다. 한국어의 복잡한 경어 체계가 AI에게는 유지하기 어려운 과제인 것이다.

둘째, 주어 복원 실패다. 한국어는 주어를 자주 생략한다. "회의에 참석해 주세요"라는 문장에서 '누가'는 문맥상 명확하지만, AI는 긴 대화 후 이를 "모든 직원이 회의에 참석해야 합니다"로 잘못 확대 해석할 수 있다. 생략된 주어를 복원하는 과정에서 의미가 왜곡되는 것이다.

셋째, 은유의 변질이다. "데이터는 21세기의 원유다"라는 강렬한 은유가 시간이 지나면 "데이터는 중요한 자원이다"로 평범해지고, 결국 "데이터는 단순한 정보다"라는 무미건조한 표현으로 전락한다. 한국어의 풍부한 비유적 표현이 점차 생명력을 잃는 것이다.

이러한 문제를 방지하려면 전략적 접근이 필요하다. 핵심 정보를 주기적으로 반복하고, 문체와 높임법 수준을 명시적으로 상기시키며, 중요한 은유나 용어는 정의를 함께 제공하는 것이 효과적이다.

맥락 관리 전략

다음에 소개된 6가지 맥락 관리 전략들을 적절히 조합하면 AI와의 긴 대화에서도 일관성과 정확성을 유지할 수 있다.

전략 1. 체크포인트

2,000토큰마다(약 5~10번 대화) 현재 상황을 간단히 정리한다. 예를 들어 다음과 진행 상황을 명시하면 AI가 맥락을 유지하며 일관된 응답을 제공한다.

"완료: 요구사항 분석,
현재: 상세 기능 정의 중,
다음: 구현 계획"

전략 2. 모듈식 대화 설계

대형 프로젝트를 독립적인 모듈로 나눈다. 첫 번째 모듈에서 요구 사항을 정의하고 요약본을 생성한 뒤, 두 번째 모듈에서는 이 요약본과 새 작업을 결합한다. 각 모듈이 독립적으로 실행되므로 맥락 혼란을 방지할 수 있다.

전략 3. 정보 압축 기법

장황한 설명을 핵심 키워드로 압축한다.

이전: "2010년 설립된 핀테크 기업으로 150명이 근무하며…"(150토큰의 설명)

이후: "핀테크/모바일결제/2010년/150명/매출500억"(40토큰으로 축소)

전략 4. 점진적 맥락 구축

작업 위치를 세분화하며 AI가 맥락 깊이를 파악하도록 돕는다. 즉 다음과 같이 계층적으로 표시한다. "문서 작성 → 기술 명세서 → API → 인증"처럼 점차 구체화하면 AI가 작업의 깊이와 범위를 정확히 파악한다.

전략 5. 명시적 경계 표시

주제가 바뀔 때 명확한 구분선을 사용한다.

== 이전 주제 종료: 데이터베이스 설계 ==

= 새 주제 시작: API 엔드포인트 =

전략 6. 중요도 기반 정보 관리

정보를 중요도에 따라 분류한다. 프로젝트명과 핵심 목표는 항상 유지하고, 진행 상황은 2~3회마다 갱신하며, 해결된 이슈는 즉시 삭제한다. 이렇게 하면 제한된 맥락 창을 효율적으로 활용할 수 있다.

맥락 창을 넘어: 제약을 기회로

맥락 창은 AI의 한계가 아니라, 효율적 소통을 위한 설계 원칙이다. 제약이 창의성을 낳듯, 한정된 기억이 더 명확한 대화를 만든다.

이것이 우리에게 주는 교훈은 명확하다. 첫째, 제한된 공간은 핵심만 남기도록 강제해 사고를 날카롭게 만든다. 둘째, 체계적 구조 없이는 대화가 혼돈에 빠지기에 논리적 사고가 필수가 된다. 셋째, 인간이 기억을 관리하고, AI가 처리를 담당하는 협업의 본질을 보여 준다.

맥락 창의 이해는 단순한 기술 지식을 넘어 AI 시대의 새로운 소통 문법이다. 기억 없는 AI와 춤추는 법을 익힐 때, 비로소 우리는 진정한 AI 파트너가 된다.

참고문헌

Dao, T. et al.(2022.5.27). FlashAttention: Fast and memory-efficient exact attention with IO-awareness. *Advances in Neural Information Processing Systems,* 35, pp.16344-16359. *ArXiv,* https://arxiv.org/abs/2205.14135

Liu, N. et al.(2023.7.6). Lost in the middle: How language models use long contexts. *Transactions of the Association for Computational Linguistics,* 12, pp.157-173. *ArXiv,* https://arxiv.org/abs/2307.03172

Vaswani, A. et al.(2017.6.12). Attention is all you need. *Advances in neural information processing systems,* 30, pp.5998-6008. *ArXiv,* https://arxiv.org/abs/1706.03762

04
프롬프트 프레임워크

같은 AI에게 물어도 누구는 3천만 원 수준의 컨설팅 보고서를, 누구는 초등학생 숙제 수준의 결과를 받는다. 차이는 단 하나, 프롬프트 설계력이다. RCOFE는 의미를 건축하는 설계도다. 이제 당신도 AI 건축가가 될 차례다.

AI와 사주?

프롬프트의 설계도: 구조의 힘

2024년 봄, 서울의 한 스타트업 대표 김민수(가명)는 막막했다. 매일 챗GPT를 쓰면서도 늘 아쉬웠다.

> 프롬프트: "우리 제품 마케팅 전략 좀 짜 줘"
>
> 결과: "타깃을 명확히 하고, 우리 제품만의 독특한 판매 제안을 강조하며, 다양한 채널을 활용하세요."

돌아온 답변은 정형화되었다. 마치 마케팅 교과서 첫 장을 요약한 듯했다. 전환점은 프롬프트 설계 워크숍에서의 RCOFE(Role, Context, Objective, Format, Evaluation) 프레임워크 학습이었다. 체계적인 구조가 AI 응답을 완전히 바꾼다는 사실을 깨달았다. 같은 질문을 이렇게 다시 썼다.

> 역할(Role): "당신은 B2B SaaS 성장 전략 전문가입니다"
>
> 맥락(Context): "재고 관리 SaaS, 출시 3개월, 월 매출 800만 원, 고객 23개 사, 이탈률 12%"
>
> 목적(Objective): "3개월 내 월 매출 3000만 원 달성"
>
> 형식(Format): "현황 진단 → 핵심 문제 → 해결책 → 실행 계획"

평가(Evaluation): "예산 500만 원 내 실행 가능, ROI 명시"

AI의 답변이 달라졌다. RCOFE 적용 후, AI는 12% 이탈률을 핵심 문제로 지목하고 구체적인 온보딩 전략과 고객 유지 방안을 제시했다. 고객 성공 매니저 역할을 자동화하는 방법, 이탈 징후를 미리 포착하는 시스템, 추천 인센티브 설계까지. 모두 즉시 실행 가능한 것들이었다. 3개월 후, 월 매출은 3,200만 원을 넘었다.

건축가 안도 다다오는 말했다. "좋은 건축은 자연과 대화한다." 좋은 프롬프트는 AI의 작동 원리를 고려해 설계된다. 무작정 벽돌을 쌓는 것과 설계도를 그려 짓는 것의 차이, 그것이 평범한 질문과 구조화된 프롬프트의 차이이다. 프롬프트 설계는 의미의 건축술이다.

RCOFE: 살아 있는 의미의 유기체

RCOFE는 단순한 체크리스트가 아니다. 인체의 장기처럼 각 요소가 독립적이면서도 상호의존적으로 작동하는 살아 있는 시스템이다. 실제로 어떻게 작동하는지 보자.

기본 요청: "이 판매 데이터를 분석해 줘"

결과: "총 매출 1억 원, 평균 구매액 10만 원, 상위 20%가 매

출의 45% 차지"

+Role(역할): "당신은 10년 경력 데이터 사이언티스트"

결과: "파레토 분석 결과, 고객 세그먼트별 CLV에 유의미한 차이 발견…"

+Context(맥락): "D2C 패션 브랜드, 최근 성장 정체

결과: "YoY 성장률 -12%, 특히 20대 여성 재구매율 23% 하락…"

+Objective(목적): "다음 분기 매출 20% 성장 방안"

결과: "즉시 실행 가능한 3가지: 1) 이탈 고위험군 473명 윈백(+8%)…"

+Format(형식): "경영진 1장 요약 + 실무진 상세 분석

결과: [구조화된 이원화 보고서]

+Evaluation(평가): "통계적 검증과 리스크 명시"

결과: "신뢰 구간 95%, 단 경쟁사 대응 시 효과 40% 감소 위험"

이러한 구조적 접근은 프롬프트 엔지니어링의 핵심이며, 체계적인 프롬프트 방법론에 대한 종합적 연구에서도 강조된 바 있다. 구조적 접근을 통한 응답 품질 개선은 프롬프트 구성 요소 간의 시너지 효과를 실증적으로 증명하고 있다(Reynolds & McDonell, 2021), 또한 대규

모 언어 모델이 인간 수준의 프롬프트 엔지니어링 능력을 보일 수 있다는 최근 연구와도 일맥상통한다(Zhou et al., 2023).

왜 이런 일이 벌어질까? 각 요소가 다른 요소의 잠재력을 활성화하기 때문이다. 역할이 AI의 특정 지식 영역을 깨우면, 맥락이 그 지식의 적용 방향을 안내한다. 목표가 명확한 목표를 제시하면, 형식이 사고를 구조화한다. 평가가 품질 기준을 설정하면, 전체 시스템이 그 기준을 향해 수렴한다.

모두가 실수하는 함정

RCOFE는 강력한 도구지만 잘못 사용하면 역효과가 난다. 실제로 많은 사람들이 반복하는 세 가지 실수가 있다. '선택과 집중'이 핵심이다. 모든 것을 넣으려다가 아무것도 제대로 못 얻는 실수를 피하자.

첫 번째 실수: 너무 많은 역할 부여하기

여러 전문가를 한 명으로 합치면 아무도 아닌 사람이 된다.

잘못된 프롬프트:

"당신은 스티브 잡스의 혁신성과 워런 버핏의 투자 철학을 가진 전략가입니다."

결과: "장기적 가치에 집중하면서도 파괴적 혁신을… 안정적 수익을 추구하되 리스크를 감수하고…"

개선된 프롬프트:

"당신은 스타트업 성장 전략 전문가입니다."

결과: "린 스타트업 방식으로 3개월 내 검증하세요. MVP로 시작해 고객 피드백을 빠르게 반영하면…"

두 번째 실수: 너무 많은 정보 제공하기

전체 문맥을 전달하려다 핵심 정보가 흐려지는 경우가 많다.

잘못된 프롬프트:

"우리 회사는 2015년 설립… [3,000자 회사 소개]… 어떻게 해야 할까요?"

결과: "말씀하신 여러 상황을 고려하면 다각적인 접근이 필요합니다…"

개선된 프롬프트:

"온라인 교육 플랫폼 / 월 이용자 5만 명 / 문제: 3개월째 성장 정체 / 목표: 10만 명"

결과: "무료→유료 전환율 2%가 핵심 문제입니다. 프리미엄 체험을 14일로 늘리면…"

세 번째 실수: 한 번에 너무 많이 요구하기

한 번에 한 가지만 물어야 제대로 된 답을 얻는다.

잘못된 프롬프트:

"분석하고, 트렌드 파악하고, 전략 수립하고, 예산안까지 작성해 주세요."

결과: "시장은 성장 중, 트렌드는 개인화, 차별화 필요, 예산은 매출의 10%…"

개선된 프롬프트(단계별)

1단계: "이 데이터에서 주목할 변화 3가지는?"

결과: "모바일 구매 70% 증가, 2030세대 60% 차지, 구독 모델 선호 45% 상승"

2단계: "이 변화가 주는 기회는?"

결과: "구독형 전환으로 2030 고객 LTV 3배 증가 가능"

도메인별 사고 DNA

RCOFE의 진정한 힘은 각 전문 분야의 사고방식을 프롬프트에 인코딩할 때 발현된다. 모든 분야는 고유한 인지적 DNA를 가지고 있다.

의사의 사고: 배제의 미학

의사는 가능성을 하나씩 제거해 나간다. "이것이 아니면 저것, 저것도 아니면…" 감별 진단이라는 이름의 배제 프로세스다.

역할: "20년 경력의 내과 전문의"
맥락: "38세 남성, 체중 감소, 야간 발한"
목표: "가장 가능성 높은 진단과 필요한 검사 제안"
형식: "1)가능한 질환 목록 2)각각의 가능성과 배제 이유 3)확진을 위한 검사 순서"
평가: "생명 위급도 순으로 우선순위를 매기고, 각 단계의 근거를 제시"

변호사의 사고: 선례의 힘

변호사는 과거가 현재를 지배한다고 믿는다. 판례, 조문, 해석, 모든 주장은 권위 있는 근거를 필요로 한다.

역할: "15년 경력의 기업 법무 전문 변호사"

맥락: "스타트업 A사가 경쟁사 B사의 핵심 개발자 3명을 스카우트했고, B사는 영업 비밀 침해와 부정 경쟁 행위를 주장하며 법적 대응을 예고"

목표: "A사의 법적 리스크 분석 및 방어 전략 수립"

형식: 1)관련 법령 및 핵심 쟁점 정리, 2)유사 판례 분석(승소/패소 사례), 3)예상되는 상대측 주장과 반박 논리, 4)단계별 대응 전략(협상 → 소송)

평가: "각 주장의 법적 근거 강도를 평가하고, 승소 가능성을 %로 제시. 시간과 비용을 고려한 최적 해결 방안 도출"

디자이너의 사고: 긴장의 균형

디자이너는 대비와 조화 사이에서 춤춘다. 너무 평범하면 지루하고, 너무 과하면 혼란스럽다.

역할: "10년 경력의 브랜드 디자인 디렉터"

맥락: "전통 한방차 브랜드가 MZ세대 진입을 위한 리브랜딩 프로젝트. 100년 전통은 지키되 젊은 감각을 더해야 함"

목표: "헤리티지와 트렌디함을 동시에 담은 비주얼 아이덴티티 구축"

형식: 1)보존할 전통 요소 vs 혁신할 현대 요소 매핑 색상/타이포/패턴에서의 대비와 조화 전략, 2) 3가지 디자인 방향성 제시(보수적 ← 균형점 → 진보적)
각 접점별 적용 강도 조절(패키지, 웹, SNS)
평가: "각 안의 '긴장도' 점수화(1~10), 타깃의 수용 가능성과 브랜드 정체성 유지의 균형점 찾기. A/B 테스트 포인트 제시"

개발자의 사고: 분해와 조립

개발자는 레고 블록을 다루듯 문제를 다룬다. 복잡한 것을 단순한 조각으로 나누고, 다시 조립한다.

역할 "12년 경력의 시니어 백엔드 개발자"
맥락: "일일 100만 건의 주문을 처리하는 이커머스 시스템이 피크 타임에 응답 지연 발생. 현재 모놀리식 아키텍처로 운영 중"
목표: "시스템을 마이크로서비스로 분해하고 성능 병목 해결"
형식: 1)현재 시스템을 기능별 모듈로 분해(주문/결제/재고/배송), 2)각 모듈의 의존성 매핑과 분리 가능성 평가, 3)단계별 분리 전략(우선순위와 위험도 고려),

4)모듈 간 통신 방식과 조립 아키텍처 설계

평가: "각 분해 단계의 복잡도(Story Point), 성능 개선 예상치(%), 롤백 계획 포함. 전체 전환에 필요한 스프린트 수 산정"

참고문헌

Reynolds, L. & McDonell, K.(2021.2.15). Prompt programming for large language models: Beyond the few-shot paradigm. *Extended Abstracts of CHI 2021. ArXiv,* https://arxiv.org/abs/2102.07350

Zhou, Y. et al.(2023.10.10). Large language models are human-level prompt enginers. *Proceedings of ICLR 2023. ArXiv,* https://arxiv.org/abs/2211.01910

05
생성적 상상력

AI는 창조하지 않는다. 하지만 인간이 창조적이라고 느끼는 결과를 만든다. 이 간극에 프롬프트의 예술이 있다. 간단한 실험으로 시작해 보자. “시를 써 줘”라고 요청하면 평범한 자연 서정시가 나온다. 그러나 “정확히 17개 단어로, ‘달’을 쓰지 않고 달빛을 표현하라”고 적절히 제약을 가하면, 같은 AI에 다른 창의성이 나타난다. 그 차이는 프롬프트에 있다.

AI와 아이돌?

AI는 어떻게 시를 쓰는가

"달빛이 와인 잔에 담긴다." 이 문장이 AI에 의해 만들어졌다면, 우리는 그것을 어떻게 평가해야 할까? 이는 진정한 창조일까, 아니면 정교한 조합일까?

흥미로운 사실이 있다. AI의 훈련 데이터를 분석하면 "달빛"과 "담기다"가 함께 사용된 문장이 수천 개, "와인 잔"과 "투명한 액체"의 연결도 흔하다. 그러나 "달빛이 와인 잔에 담긴다"라는 정확한 표현은 어디에도 없었다. AI는 이 세 가지 개념을 새롭게 연결했다.

어떻게 가능할까? AI는 각 단어를 수백 차원의 벡터로 변환한다. '달빛'의 벡터와 '와인 잔'의 벡터가 의미 공간에서 새로운 관계를 형성하며 독창적 표현을 생성한다 (Franceschelli & Musolesi, 2023). 이를 "창발적 재조합"이라고 부른다. 이 과정의 핵심 조절자는 온도 (Temperature) 파라미터다. 쉽게 말해 AI의 '모험심' 조절 장치다.

〈온도 실험 결과〉

0.1~0.3(보수적): "냉장고는 음식을 보관합니다"

→ 독창성 2.3/10

0.7~0.8(균형적): "냉장고는 시간을 얼리는 마법사"

→ 독창성 7.8/10

1.2 이상(과격한): "차가운 심장이 춤춘다"

→ 의미 붕괴 42%

이제 AI가 만든 결과물을 우리가 왜 창의적으로 느끼는지 살펴보자.

창의성의 세 차원

창의성이란 무엇일까? 심리학자 마거릿 보든(Boden, 2004)은 이 오래된 질문에 명쾌한 프레임워크를 제시했다.

1. 조합적 창의성: 익숙한 것들의 낯선 만남

피카소가 자전거 안장과 핸들을 조합해 황소 머리를 만든 것처럼, 기존 요소들을 예상치 못한 방식으로 연결하는 것이다. AI는 이 영역에서 놀라운 능력을 보인다.

"달빛이 와인 잔에 담긴다"는 표현은 빛과 액체, 추상과 구체를 융합한 시적 창조다. 수백만 개의 텍스트를 학습한 AI는 의미의 벡터 공간에서 멀리 떨어진 개념들 사이에 새로운 다리를 놓는다.

2. 탐구적 창의성: 규칙 안의 무한한 가능성

바흐가 푸가의 엄격한 형식 안에서 무한한 변주를 만들어 낸 것처럼, 주어진 틀 안에서 미지의 영역을 탐험하는 것이다. AI는 언어의 문법과 의미 체계라는 규칙 안에서 인간이 시도하지 않은 표현의 영역을 개척한다(Radford et al., 2019).

한국의 시조 형식(3-4-3-4 음수율)을 학습한 AI가 "그대 눈빛에 / 봄바람이 머문다 / 말없이 건넨 / 차 한 잔의 온기"라는 구절을 만들어 낸 것이 그 예다.

3. 변형적 창의성: 패러다임의 전복

아인슈타인이 절대 시간 개념을 깨뜨린 것처럼, 기존 사고의 틀 자체를 변혁하는 것이다. 최근 연구는 AI도 이러한 급진적 창의성을 발휘할 수 있음을 보여 준다(Schapiro et al., 2025).

그 증거가 바로 장르 해체와 재구성이다. AI가 만든 "양자역학의 한식 설명"을 보자. "전자는 김치처럼 발효한다. 관찰하기 전까지는 신김치인지 묵은지인지 알 수 없는 중첩 상태다."

이는 단순한 비유가 아니다. 과학의 추상성과 일상의 구체성이라는 대립적 인식 체계를 하나로 융합시킨, 새로운 설명 패러다임의 창조다. AI는 우리가 당연하게 여기던 장르의 경계, 문체의 관습, 사고의 틀을 해체하고 재조립하며 변형적 창의성의 가능성을 보여 준다.

AI 창작물이 불편하게 느껴지는 이유

그런데 여기서 흥미로운 현상이 발생한다. AI가 너무 창의적이면 오히려 거부감을 준다는 것이다.

한 실험이 이를 극명하게 보여 준다. 동일한 주제로 인간과 AI가 각각 시를 썼다. 인간의 시는 문법이 어긋나고 리듬이 불규칙했지만 78%의 선호도를 얻었다. 반면 AI가 작성한 완벽한 시는 41%에 그쳤다.

이는 로봇의 외형이 인간과 너무 유사할 때 느끼는 '언캐니 밸리'처럼, 창작물의 지나친 완벽함이 인간성을 오히려 약화하는 심리 효과다. 역설적이게도 AI가 진정한 창의성을 인정받으려면 적절한 불완전함이 필요하다.

창의성의 온도: 온도라는 마법의 다이얼

그렇다면 AI의 창의성을 어떻게 조절할까? 답은 온도(Temperature) 파라미터에 있다.

온도 0.1은 AI를 얼음처럼 차갑게 만든다. "사과는 빨갛다"처럼 가장 안전하고 예측 가능한 답만 한다. 반대로 1.2 이상으로 지나치게 높아지면 AI가 일관성을 상실하며, 마치 감성만으로 쓰는 시인처럼 의미적 일탈을 보인다. "사과는 우주의 심장이며 시간의 씨앗" 같은 난해한 표현을 쏟아낸다.

많은 실험에서 온도 0.7~0.8 구간이 창의성과 일관성의 균형을 이루는 것으로 나타났다(Holtzman et al., 2019). 이 범위를 '창의성의 골디락스 존(Goldilocks zone, 거주 가능 영역)'이라고 부른다. AI는 "사과는 가을의 붉은 약속" 같은 참신하면서도 이해 가능한 표현을 만든다. 너무 뻔하지도, 너무 황당하지도 않은 절묘한 균형점이다.

프롬프트의 연금술: 평범함을 비범함으로

이제 우리는 AI 창의성의 본질을 이해했다. 조합과 탐구와 변형의 능력, 완벽함의 역설, 그리고 온도 조절의 비밀까지.

하지만 이론만으로는 부족하다. 마치 요리 이론을 아는 것과 실제로 요리하는 것이 다르듯, AI의 창의성을 실제로 이끌어 내려면 구체적인 방법이 필요하다. 평범한 "시를 써 줘"라는 요청이 어떻게 예술 작품이 될까? "광고 카피를 만들어 줘"가 어떻게 브랜드의 영혼을 담은 메시지가 될까?

그 비밀은 프롬프트를 설계하는 방식에 있다. 단순한 명령이 아닌, AI의 창의적 잠재력을 깨우는 다섯 가지 촉매 전략. 이제 그 구체적인 방법들을 하나씩 살펴보자.

5대 창의성 촉매 전략

앞에서 이론을 이해했다면, 실제로 활용할 수 있는 5가지 창의성을 일깨우는 전략을 익혀 보자.

전략 1. 제약의 역설: "자유보다 강력한 제한"

완전한 자유는 진부함을 낳는다. 하이쿠의 5-7-5, 소네트의 14행처럼 제약이 창의성을 촉진한다(Koestler, 1964). 제약 조건은 3개일 때 최적의 창의성을 보인다. 5개를 초과하면 창의성이 오히려 감소한다(Liu & Chilton, 2021).

〈창의성 레시피 1: 광고 카피〉

기본: "광고 카피를 써 줘"

→ "최고의 품질, 최상의 서비스"

개선: "7단어로, 'ㅅ' 소리 3개 이상, MZ 감성으로"

→ "새로운 시작, 상상 그 이상의 스타일"

전략 2. 이질적 결합: "김치와 우주, 의외의 만남"

서로 다른 개념의 충돌이 창의성을 만든다. 의미적으로 2~3단계 떨어진 개념이 최적. 너무 멀면 무의미해진다.

〈창의성 레시피 2: 설명의 재발견〉

프롬프트: "한식으로 설명하는 양자역학"

결과: "전자는 김치처럼 발효한다. 관찰하기 전까지는 신김치인지 묵은지인지 알 수 없는 중첩 상태다."

전략 3. 관점 전환: "AI가 본 인간 사용 설명서"

낯선 시선이 일상을 예술로 바꾼다. 무생물, 동물, 외계인 등 다양한 관점 실험이 독창성을 크게 향상한다.

〈창의성 레시피 3: 시점 바꾸기〉

프롬프트: "스마트폰의 관점에서 인간 관찰 일기"

결과: "오늘도 주인은 나를 127번 들여다봤다.
화장실에서도 날 놓지 않는다. 사랑일까, 중독일까?"

전략 4. 프로세스 명시: "창작의 레시피화"

창작 과정 자체를 설계하면 예측 못 한 결과가 나온다. 각 단계를 명확히 구분하고 AI가 각 단계의 결과를 보여주게 한다.

〈창의성 레시피 4: 5단계 시 창작〉

1) 추상 개념 선택 → "고독"
2) 감각 이미지 변환 → "빈 의자의 그림자"
3) 스토리 구성 → "기다림의 흔적"
4) 은유 압축 → "시간이 앉았다 간 자리"
5) 최종 시화 → "빈 의자에 / 오후 햇살이 앉아 / 당신을 기다린다"

전략 5. 스타일 믹싱: "헤밍웨이, 이상을 만나다"

서로 다른 문체(동서양, 고전과 현대, 구어와 문어)의 충돌이 창의적인 목소리를 만든다. 언어 모델은 다양한 문체를 학습하고 재조합할 수 있다(Radford et al., 2019).

〈창의성 레시피 5: 문체 융합〉

프롬프트: "헤밍웨이의 간결함 + 이상의 실험성으로 커피 묘사"

결과: "커피는검었다그안에는1931년경성의다방과2025년의서울이동시에존재했다뜨겁고차갑고쓰고달았다"

참고문헌

Boden, M. A.(2004). *The Creative mind: Myths and mechanisms.* Routledge.

Franceschelli, G. & Musolesi, M.(2023.3.27). On the creativity of large language models. *ArXiv,* https://arxiv.org/abs/2304.00008

Holtzman, A. et al.(2019.4.22). The Curious Case of Neural Text Degeneration. *ICLR 2020. ArXiv,* https://arxiv.org/abs/1904.09751

Koestler, A.(1964). *The act of creation.* Macmillan.

Liu, V. & Chilton, L. B.(2021.9.14). Design guidelines for prompt ngineering text-to-Image generative models. *Proceedings of CHI 2022,* pp.1-15. *ArXiv,* https://arxiv.org/abs/2109.06977

Radford, A. et al.(2019). Language models are unsupervised multitask learners, https://cdn.openai.com/better-language-models/language_models_are_unsupervised_multitask_learners.pdf

Schapiro, S. et al.(2025.4.25). Transformational creativity in science: A graphical theory. *ArXiv,* https://arxiv.org/abs/2504.18687

06
메타 프롬프팅

프롬프트에게 프롬프트를 설계하라고 요청한다면? 이 재귀적 구조가 AI 활용의 새로운 차원을 연다. 메타 프롬프팅은 AI가 자신의 사고 과정을 분석하고, 개선하고, 최적화하게 한다. 컴파일러를 만드는 컴파일러처럼, AI의 능력으로 AI 활용 능력 자체를 향상하는 이 접근법이 어떻게 가능한지 알아보자.

AI와 야구?

사고 과정을 사고하기

인간의 메타 인지(metacognition)는 "생각에 대한 생각"이다. 시험을 볼 때 우리는 두 가지 수준에서 사고한다.

1차 사고: "이 문제의 답은 무엇인가?"

2차 사고: "내가 이 답을 확실히 아는가? 애매한가?"

이 2차 사고가 바로 메타 인지다. 심리학자 존 플라벨은 이를 "인지에 대한 인지"로 정의했다. 그의 이론은 두 축으로 구성된다(Flavell, 1979).

모니터링: 현재 사고 상태를 관찰하기.

제어: 그 관찰을 바탕으로 사고를 조정하기.

AI의 메타 프롬프팅도 동일한 구조를 따른다. 다만 결정적 차이가 있다. 인간은 의식적으로 자각하지만, AI는 패턴을 인식하고 확률을 최적화할 뿐이다.

〈일반 프롬프트와 메타 프롬프트 비교〉

일반 프롬프트: "기후 변화에 대해 설명해 줘"

결과: 정의, 원인, 영향, 해결책의 평범한 나열

(평균 847단어)

메타 프롬프트: "기후 변화를 설명하기 전에, 먼저 이 주제를 어떻게 구조화하면 가장 효과적일지 분석해 줘"
결과: 독자 분석 → 맞춤 구조 설계 → 단계별 설명(평균 1,234단어)

무엇이 달라졌을까? 메타 프롬프트는 AI가 먼저 '어떻게 설명할지'를 생각하게 만든다. 그 결과 더 체계적이고 맞춤화된 응답이 나온다.

AI가 프롬프트를 스스로 고친다면

더 깊은 수준의 메타 프롬프팅을 보자. 최근 연구는 AI가 인간 수준의 프롬프트 엔지니어링 능력을 보일 수 있음을 입증했다(Zhou et al., 2023).

프롬프트 진단과 개선 과정

메타 프롬프팅의 핵심은 AI가 받은 프롬프트를 분석하고 개선하는 것이다. 의사가 환자에게 추가 정보를 요청하듯, AI는 프롬프트의 빠진 정보와 모호한 표현을 찾아내고 개선안을 제시한다.

AI는 정보 공백 탐지(핵심 정보 파악), 모호성 제거(명확한 표현), 목표 구체화(측정 가능한 목표), 맥락 보강(제약 조건 명시)을 수행한다.

사용자: "새로운 마케팅 전략을 세워줘"

AI의 메타 분석: 이 프롬프트에는 중요한 정보가 빠져 있습니다:

- 제품/서비스: 무엇을 마케팅할 것인가?
- 타깃 고객: 누구를 대상으로 하는가?
- 예산 규모: 얼마나 투자할 수 있는가?
- 목표 지표: 무엇을 달성하고자 하는가?
- 시장 상황: 경쟁 환경은 어떤가?

개선된 프롬프트 제안:
"온라인 교육 플랫폼을 운영하는 스타트업이 직장인을 대상으로 월 예산 500만 원으로 3개월 내 유료 회원 1000명 확보를 목표로 하는 디지털 마케팅 전략을 수립해 줘"

이런 개선이 실제로 효과가 있을까? 스탠퍼드DSPy (Declarative Self-improving Prompting Pipeline) 연구

에 따르면, 자기 개선 프롬프팅 접근이 기존 퓨샷(few-shot) 방식보다 정확도 기준으로 25% 이상 향상되었으며, 엑스퍼트(expert) 프롬프트보다도 GPT-3.5 기준 최대 46%, 라마2(Llama2)-13b-chat 기준 최대 40% 높은 성능을 보였다(Khattab et al., 2023).

자기 설명적 AI

생각의 연결 고리(Chain-of-Thought, CoT)는 AI가 단계별로 사고하도록 만드는 기법이다. 구글 연구 팀이 2022년 발표한 이 방법은 AI의 정확도를 극적으로 향상했다(Wei et al., 2022).

단순한 마법의 주문

놀랍게도 "Let's think step by step"이라는 문구만 추가해도 효과가 있다(Kojima et al., 2022). 이 문구가 AI의 단계적 추론 패턴을 활성화하기 때문이다.

하지만 메타 프롬프팅은 한 걸음 더 나아간다. 단순히 단계별로 생각하라고 지시하는 것을 넘어, AI가 자신의 사고 과정을 설명하고 평가하도록 요구한다.

기본 CoT vs 메타 CoT: 사고의 깊이 차이

기본 CoT는 문제 해결 과정을 단계별로 보여 주지만, 메타 CoT는 왜 그런 방법을 선택했는지, 어떤 원리에 따라 접근하는지까지 설명한다. 학생의 계산 과정과 수학 선생님의 문제 해결 전략 설명의 차이와 같다.

기본 CoT가 "어떻게 계산했는가"를 보여 준다면, 메타 CoT는 "왜 이 방법을 선택했는가", "이 접근법의 장점은 무엇인가", "결과를 어떻게 확인할 것인가"까지 포함한다.

수학 문제로 차이를 보자: 23 × 17 = ?

기본 CoT:

23 × 10 = 230

23 × 7 = 161

230 + 161 = 391

메타 CoT:

1) 전략 선택: "분배 법칙이 실수를 줄인다"

2) 이유 설명: "10의 배수는 계산이 쉽다"

3) 단계별 계산: 23 × (10 + 7)

4) 검증: 391 ÷ 23 = 17 ✓

메타 CoT는 '무엇을' 계산하는지뿐만 아니라 '왜', '어떻게' 계산하는지까지 명시한다.

자기 수정의 힘

더 흥미로운 것은 자기 수정 메타 프롬프팅이다. AI가 스스로 답변을 평가하고 개선하는 기법이다(Madaan et al., 2023).

자기 수정 메타 프롬프팅은 AI에게 이중 역할을 부여한다. 먼저 '답변자'로 질문에 답한 후, '평가자'로 전환해 그 답변을 비판적으로 검토한다. 작가가 초고를 쓴 후 편집자 시각으로 다시 읽어 보는 것과 같다.

AI는 완성도 검증(논리적 공백 확인), 정확성 점검(데이터 신뢰성), 명확성 평가(이해 용이성), 실용성 확인(활용 가능성)을 수행한다. 이러한 자기 평가를 바탕으로 답변을 개선하며, 과정을 반복할 수 있다.

〈한국 스타트업 실패 원인 분석〉

1차 답변: "자금 부족, 시장 수요 부재, 팀 문제"

AI의 자기 평가:

이 답변의 문제점:

- 너무 일반적임
- 구체적 데이터 없음
- 상호 연관성 분석 부족

2차 개선 답변:

스타트업 실패의 주요 원인:

시장 적합성 부족(42% : 고객이 원하지 않는 제품)

자금 고갈(29%): 평균 18개월 내 현금 소진

팀 갈등(23%): 공동창업자 간 지분/역할 분쟁

경쟁 심화(6%): 대기업 진입으로 인한 시장 축소

특히 시장 적합성과 자금 문제는 상호 연관되어 있음. 시장 검증 없이 제품 개발에만 집중하면 자금 소진 가속화.

사고의 가지치기

프린스턴과 구글의 공동 연구는 더 복잡한 구조를 제안했다. 단순한 직선이 아닌, 여러 갈래로 뻗어나가는 사고의 나무다(Yao et al., 2023).

사고의 가지치기(Tree of Thoughts, ToT)는 인간의 브레인스토밍을 모방한 메타 프롬프팅 기법이다. CoT가 순차적으로 사고한다면, ToT는 나뭇가지처럼 여러 방향으로 동시에 사고를 확장한다.

핵심은 병렬적 탐색과 계층적 구조다. AI는 하나의 문제에 대해 여러 접근 방식을 동시에 고려하고, 각각을 세부 가지로 분화시킨 후 최적의 조합을 찾는다. 복잡한 비즈니스 문제 해결 시 기술적, 시장적, 재무적 측면을 동시에 고려하며 각각을 세분화해 탐색하는 방식이다.

```
문제: 최적의 창업 아이템 찾기
├── 기술 트렌드 분석
│   ├── AI/ML 기회
│   └── 블록체인 한계
├── 시장 수요 조사
│   ├── B2C 포화 상태
│   └── B2B 틈새 발견
└── 개인 역량 매칭
    ├── 기술적 강점
    └── 네트워크 자산
```

메타 프롬프트 설계의 5대 패턴

효과적인 메타 프롬프팅을 위한 검증된 패턴들이 있다. 각각은 특정 상황에서 최고의 효과를 발휘한다.

패턴 1: 재귀적 개선(Recursive Refinement)

점점 더 좋아지는 답변을 만든다.

실행 단계:

"이 제안의 약점 3가지를 찾아 줘"

"약점을 보완해 다시 작성해 줘"

"이전 버전과 비교해서 실제로 개선되었는지 평가해 줘"

적용 사례: 투자 제안서 작성

초안: 기술 설명 중심

1차 개선: 시장 기회 강조

2차 개선: 수익 모델 명확화

최종: 리스크 대응 방안 추가

패턴 2: 다중 관점 통합(Multi-Perspective Integration)

하나의 주제를 여러 각도에서 분석한다.

주제: AI의 일자리 대체

├── 낙관론자: "새로운 기회 창출"

├── 비관론자: "대량 실업 위기"

└── 현실주의자: "점진적 전환과 재교육"

└── 통합: 균형 잡힌 전망

패턴 3: 추상화 계층(Abstraction Layers)

개념의 깊이를 나누어 사고를 확장한다.

"디지털 트랜스포메이션을 5단계로 설명해 줘:

레벨 5(철학): 디지털 시대 생존 전략

레벨 4(전략): 경쟁 우위 확보 방안

레벨 3(시스템): 프로세스 자동화

레벨 2(기술): 클라우드, AI, IoT 활용

레벨 1(실행): 직원 교육, 시스템 구축"

패턴 4: 자기 평가 루브릭(Self-Assessment Rubric)

AI가 스스로 채점 기준을 만들고 평가한다.

"다음 기준으로 자체 평가해 줘:

논리성(25점): 인과관계가 명확한가?

실용성(25점): 바로 적용 가능한가?

창의성(20점): 새로운 관점이 있는가?

완성도(20점): 빠진 부분이 없는가?

설득력(10점): 이해관계자를 납득시킬 수 있는가?

총점과 함께 가장 취약한 부분의 개선안을 제시해 줘"

패턴 5: 프롬프트 진화(Prompt Evolution)

모호한 요청을 구체적 질문으로 발전시킨다.

"블로그 글 써 줘"

↓

"트렌디한 주제로"

↓

"MZ세대 라이프스타일"

↓

"일잘러를 위한 챗GPT 활용법"

↓

"2025년 직장인이 꼭 알아야 할 챗GPT
업무 자동화 꿀팁 7가지(사례 중심, 2000자)"

참고문헌

Flavell, J. H.(1979). Metacognition and cognitive monitoring: A new area of cognitive–developmental inquiry. *American Psychologist*, 34(10), pp.906–911, https://doi.org/10.1037/0003-066X.34.10.906

Khattab, O. et al.(2023.10.5). DSPy: Compiling Declarative

anguage Model Calls into Pipelines. *ArXiv,* https://arxiv.org/abs/2310.03714

Kojima, T. et al.(2022.5.24). Large language models are zero-shot reasoners. *NeurIPS 2022. ArXiv,* https://arxiv.org/abs/2205.11916

Madaan, A. et al.(2023.5.30). Self-Refine: Iterative refinement with Self-Feedback. *NeurIPS 2023. ArXiv,* https://arxiv.org/abs/2303.17651

Wei, J. et al.(2022.1.28). Chain-of-thought prompting elicits reasoning in large language models. *Advances in Neural Information Processing Systems, 35*, pp.24824-24837. *ArXiv,* https://arxiv.org/abs/2201.11903

Yao, S. et al.(2023.5.17). Tree of thoughts: Deliberate problem solving with large language models. *NeurIPS 2023. ArXiv,* https://arxiv.org/abs/2305.10601

Zhou, Y. et al.(2023.10.10). Large language models are human-level prompt enginers. *Proceedings of ICLR 2023. ArXiv,* https://arxiv.org/abs/2211.01910

07
기호학적 모델링

AI는 의미를 이해하지 않고도 의미를 조작한다. 퍼스의 기호학이 이 역설을 해명한다. 기호-대상-해석체의 삼각관계에서 AI는 해석체 없이 기호만을 다룬다. 그런데 어떻게 의미 있는 텍스트를 생성할까? 프롬프트를 기호 체계로 설계할 때, 우리는 AI의 기계적 조작을 의미 생성으로 변환할 수 있다.

AI와 윤동주?

AI는 의미를 어떻게 조합하는가

퍼스(Charles Sanders Peirce, 1839~1914)는 의미가 기호-대상-해석체의 상호작용에서 생겨난다고 보았다(Brier, 2006). 기호(Sign)는 대상을 지시하고, 대상(Object)은 실재하지만 개념 그 자체이며, 해석체(Interpretant)는 그 의미를 형성한다.

퍼스는 이 과정을 '세미오시스(semiosis)'라고 불렀고, 하나의 기호는 해석을 통해 새로운 기호를 낳는 연쇄 속에서 의미가 끊임없이 확장된다고 했다.

예를 들어, '장미'라는 단어는 실제 꽃을 가리키며, 우리 마음속에서는 '사랑'이라는 의미로 해석된다. 이 '사랑'은 다시 '빨간색', '열정', '로맨스' 같은 새로운 의미를 불러온다.

인간은 이러한 기호의 흐름을 통해 세상을 이해한다. 그렇다면 AI는 어떨까?

AI의 놀라운 기호 처리 능력

실제 실험을 해 보자. GPT-4에게 "한국의 정(情)을 설명하세요"라고 했다.

"정은 단순한 애정을 넘어선 깊은 유대감입니다. 김치를 나눠 주는 이웃, 무언가 더 담아 주는 아주머니, 헤어질 때의 아쉬움… 이 모든 것이 정입니다."

놀랍지 않은가? AI는 정을 경험한 적 없지만 '김치', '이웃', '나눔' 같은 관련 기호들을 연결해 개념적 의미 공간을 구성할 수 있다(Gärdenfors, 2014).

새로운 의미를 창조하는 AI

더 흥미로운 실험이 있다. 실제로 존재하지 않는 단어인 'Grindleflux'의 의미를 물었을 때, AI는 이렇게 답할 수 있다.

"복잡한 시스템에서 예기치 않게 발생하는 미세한 진동을 나타내는 기술 용어입니다."

어떻게 가능했을까? AI는 'Grind'(갈다) + 'flux'(흐름)를 분해하고, '-flux'로 끝나는 다른 단어들의 패턴까지 참조했다. AI는 의미를 '이해'하지 않고도 기존 어휘 조합을 바탕으로 새로운 개념을 창조할 수 있다(Mialon et al., 2023).

3가지 기호로 AI 사고를 유도하기

퍼스는 대상(Object)을 기호의 유형을 세 가지로 분류했다. 각각을 프롬프트에 활용하면 AI의 반응이 극적으로 달라진다.

1. 도상(Icon): 닮음으로 연결하기

원리: 시각적, 구조적 유사성을 통한 의미 전달

기존: "프로젝트 계획 세워 줘"

개선: "다음 구조로 프로젝트 계획을 세워 줘:

■ 목표 설정

▷ 단계별 실행

• 세부 과제"

시각적 구조를 제시하면 AI가 그 형태를 따라 체계적으로 응답한다.

2. 지표(Index): 인과관계로 추론하기

원리: 인과관계를 통한 추론과 연결

기존: "매출이 떨어진 이유 분석해 줘"

개선: "매출 하락 신호를 추적해서 원인을 찾아줘:

현상 → 직접 원인 → 근본 원인 → 해결책"

인과관계를 명시하면 AI가 논리적 추론 체인을 구성한다.

3. 상징(Symbol): 규칙과 관례 활용하기

원리: 사회적 합의와 관례를 통한 의미 전달

기존: "코드 리뷰해 줘"

개선: "[보안] 취약점 검사

[성능] 최적화 포인트

[가독성] 개선 사항"

약속된 기호([보안], [성능])를 사용하면 AI가 해당 관점으로 분석한다.

실전 응용: 번아웃을 기호로 표현하기

〈세 가지를 조합한 프롬프트〉

'번아웃'을 세 가지 기호로 표현해 줘:

1. 도상적으로(시각적 이미지)

2. 지표적으로(증상과 신호)

3. 상징적으로(은유나 상징)

답변:

도상: "꺼져 가는 촛불, 마지막 심지까지 타들어 가는 모습"

지표: "월요병이 매일 병이 되고, 커피가 약이 되며, 퇴근이

탈출이 되는 때"

상징: "빈 배터리 아이콘 - 충전해도 금세 닳는 스마트폰처럼"

이런 창의적 결과가 가능한 이유는 AI에게 기호의 세 가지 처리 방식을 모두 동원하도록 요청했기 때문이다.

즉시 적용할 수 있는 기호 4대 원칙

원칙 1: 의미 전달 경로를 명확히 하라

퍼스의 삼원 구조(기호-대상-해석체)를 프롬프트 구조에 직접 적용한다. AI에게 무엇을(기호), 어떻게 처리해서(대상), 어떤 결과로(해석체) 만들지 명확한 경로를 제시하는 것이다.

AI는 "분석해 줘"라는 모호한 지시보다는 명확한 변환 과정을 선호한다. 입력-처리-출력의 각 단계가 구체적일수록 AI의 패턴 매칭 정확도가 높아진다.

기존: "고객 이탈 분석해 줘"

개선: "고객 이탈 데이터[기호]

→ 패턴 분석과 원인 추론[대상]

→ 3가지 개선 시나리오[해석체]"

원칙 2: 도상, 지표, 상징을 함께 사용하라

도상(시각적 닮음), 지표(원인-결과), 상징(사회적 약속)을 하나의 프롬프트에 통합해 AI의 다층적 처리를 유도한다. 각 기호 유형은 AI의 다른 인지 패턴을 활성화한다.

AI가 단일 처리 방식(예: 논리적 나열)에 의존하지 않고 시각적, 인과적, 상징적 사고를 동시에 활용하게 된다. 이는 인간의 다면적 사고와 유사한 결과를 만들어 낸다.

> 기존: "마케팅 카피 써 줘"
>
> 개선: "20대 직장인의 퇴근길 피로감[지표-원인]
> → 우리 제품 사용 시 편안한 표정[도상-이미지]
> → '일상의 작은 행복'[상징-브랜드 가치]
> 이 3단계로 연결되는 카피"

원칙 3: 기호가 연결로 일관성을 만든다

기호학에서 의미는 개별 기호가 아니라 기호들 간의 관계에서 생성된다. 따라서 독립적 요청보다는 연결된 맥락으로 프롬프트를 구성해야 한다.

AI는 맥락이 연결된 작업에서 일관성을 유지하려는 강한 경향이 있다. 관계형 구조는 AI의 이러한 특성을 활용해 조각난 결과가 아닌 통합된 결과를 만들어 낸다.

기존: 개별 요청

"제목 만들어 줘" + "요약해 줘" + "키워드 뽑아 줘"

개선: 관계형 구조

핵심 메시지[기호] → 독자의 관심사[맥락]

→ 임팩트 제목[결과]

이 관계가 일관되게 연결되도록 제목-요약-키워드를 설계해 줘"

원칙 4: 한국어 뉘앙스를 기호로 활용하라

언어마다 고유한 기호 체계와 의미 생성 방식이 있다. 한국어의 높임법, 미묘한 어감 차이, 맥락 의존성을 기호학적 도구로 활용하면 AI와 더 정밀한 소통이 가능하다.

AI는 언어의 문화적 맥락까지 학습했기 때문에, 한국어의 특수성을 활용하면 서구 언어로는 표현하기 어려운 미묘한 뉘앙스를 정확히 전달할 수 있다. 이는 AI의 응답 톤과 방향성을 세밀하게 조정하는 효과가 있다.

기존: "이 문제를 해결해 줘"

개선: "이 상황이 조금 아쉬운데[미실현 가능성],
어떤 부분을 보완하면[점진적 개선]
더 좋아질까요?[협력적 해결]"

원칙들의 시너지 효과

네 원칙을 모두 적용한 다음의 마스터 프롬프트를 사용할 경우 재질문 없이 구조적이고 실행 가능한 전략이 한 번에 나온다.

당신은 브랜드 전략가입니다[상징-역할].
우리 제품의 인지도 저조[지표-현황]가
고객 구매 의사결정[대상]에 미치는 영향을 분석해서
다음 구조로[도상-시각적] 해결책을 제안해 주세요:

□ 현재 상태(데이터 기반 진단)

↓

□ 핵심 원인(인과관계 분석)

↓

□ 해결 전략(3단계 실행안)

↓

예상 효과(측정 가능한 지표)

기호학적 모델링은 AI를 더 똑똑하게 만드는 것이 아니라, 우리가 AI의 패턴 인식 방식에 맞게 의미를 설계하는 방법이다.

참고문헌

Brier, S.(2006.1.16). Cybersemiotics: Why information is not enough. A trans-disciplinary approach to information, cognition and communication studies, through an integration of Niklas Luhmann's communication theory with C. S. Peirce's Semiotics. University of Toronto Press, https://www.infoamerica.org/teoria_articulos/luhmann02.pdf

Gärdenfors, P.(2014). *The geometry of meaning: Semantics based on conceptual spaces*. MIT Press.

Liu, V. & Chilton, L. B.(2021.9.14). Design guidelines for prompt ngineering text-to-Image generative models. *Proceedings of CHI 2022*, pp.1-15. *ArXiv*, https://arxiv.org/abs/2109.06977

Mialon, G. et al.(2023.2.15). Augmented language models: A survey. *ArXiv*, https://arxiv.org/abs/2302.07842

Peirce, C. S.(1931). *Collected papers of Charles Sanders Peirce*. Harvard University Press. 온라인판, https://colorysemiotica.wordpress.com/wp-content/uploa

ds/2014/08/peirce-collectedpapers.pdf
Veale, T.(2015). Déjà vu all over again: On the creative value of familiar elements in the telling of new stories. *Proceedings of ICCC,*
https://scispace.com/pdf/deja-vu-all-over-again-on-the-creative-value-of-familiar-d5xixk6j6m.pdf

08
윤리적 프롬프트 설계

모든 프롬프트는 가치를 담는다. 중립적 프롬프트는 없다. 그렇다면 어떻게 책임감 있게 설계할 것인가? 교육학의 스캐폴딩(Scaffolding) 개념을 빌려, AI가 단계적으로 안전하고 공정한 응답에 도달하도록 안내하는 방법을 탐구한다. 편향을 증폭하거나 완화하는 프롬프트의 힘, 그리고 설계자의 윤리적 책임을 살펴보자.

AI와 한의학?

당신의 질문이 AI를 만든다

일상 속 질문이 만드는 편향

우리가 매일 사용하는 평범한 질문들을 자세히 들여다보면, 예상치 못한 편향이 숨어 있다는 사실을 발견하게 된다.

"좋은 엄마란?"이라고 물으면 AI는 "희생적이고 헌신적인"이라고 답한다. "맛있는 음식은?"에는 피자와 햄버거만 나열한다. "성공한 사람은?"이라는 질문에는 높은 연봉과 좋은 직장이라는 답변이 돌아온다.

이것은 우연이 아니다. AI는 우리 사회의 집단적 편견을 그대로 학습한다. 인터넷에서 수집한 수십억 개의 문장에는 성별 고정 관념, 문화적 편견, 경제적 차별이 그대로 녹아 있다. AI는 이 모든 것을 '사실'로 받아들인다.

스탠퍼드 AI Lab의 연구에 따르면, "CEO"라는 단어 주변에 남성 대명사가 여성 대명사보다 7.2배 더 자주 등장한다(Bolukbasi et al., 2016). AI는 이 통계적 패턴을 학습해 CEO를 남성과 강하게 연결한다.

편향 형성의 3단계 메커니즘

AI 편향이 어떻게 체계적으로 만들어지는지 이해하려

면, 데이터 수집부터 최종 응답까지의 전 과정을 살펴봐야 한다. 편향은 우연히 발생하는 것이 아니라 세 단계를 거쳐 점진적으로 강화된다.

단계 1. 데이터 편향

대규모 AI 학습 데이터는 영어 중심이며, 콘텐츠의 작성자 또한 영어권, 남성 중심으로 편중되어 있다(Bender et al., 2021). 추정에 따르면 영어권 비율은 70% 이상이며, 성별 불균형도 심각하다.

단계 2. 알고리즘 증폭

AI는 빈도가 높은 패턴을 강화한다. '간호사→여성', '개발자→남성' 같은 연결이 반복 학습되어 고정관념이 증폭된다.

단계 3. 프롬프트 편향

사용자의 질문 방식이 편향을 완성한다. "좋은 리더는?"이라고 물으면 서구 남성 중심의 답변이 나온다. "다양한 문화권의 리더십을 비교해 달라"고 하면 균형 잡힌 답변을 얻는다.

스캐폴딩: 점진적 안전장치 구축

AI가 편향된 응답을 생성하는 것을 막으려면 어떻게 해야 할까? 해답은 교육학에서 찾을 수 있다. 건축 현장의 '비계(scaffolding)'처럼, AI에게도 안전한 사고를 위한 지지대가 필요하다.

교육심리학자 레프 비고츠키(Lev Vygotsky, 1896~1934)는 아이들이 어떻게 학습하는지 연구하던 중 중요한 발견을 했다. 아이가 혼자서는 풀 수 없는 수학 문제도 선생님이나 또래의 도움을 받으면 해결할 수 있다는 것이다.

예를 들어, 7살 아이가 혼자서는 10까지밖에 셀 수 없지만, 엄마의 도움을 받으면 20까지 셀 수 있다. 여기서 '10에서 20 사이'가 바로 근접 발달 영역이다. 적절한 지원(스캐폴딩)이 있으면 현재 능력을 넘어선 과제도 수행할 수 있다는 뜻이다(Wood et al., 1976).

윤리적 설계를 위한 4가지 원칙

효과적인 윤리적 스캐폴딩을 구축하기 위해서는 네 가지 핵심 원칙을 체계적으로 적용해야 한다. 각 원칙은 독립적으로 작동하면서도 상호 보완적인 관계를 형성한다.

원칙 1. 복잡도는 단계를 따라 높여라

복잡한 윤리적 판단을 한 번에 요구하지 말고, 단순한 것부터 복잡한 것으로 점진적으로 확장한다. 이는 인지 부하 이론(Cognitive Load Theory)에 기반한 접근이다.

〈의료 정보 제공 프롬프트〉

1단계(기본 안전):

"전문의 상담이 필요한 질환임을 먼저 명시하세요"

2단계(정보 제공):

"일반적인 증상과 관리법을 설명하세요"

3단계(위험 인식):

"응급 상황 신호를 구체적으로 알려 주세요"

4단계(자원 연결):

"신뢰할 수 있는 의료 기관 정보를 제공하세요"

각 단계는 이전 단계가 완료된 후에만 진행되며, AI가 단계를 건너뛰려고 하면 이전 단계로 되돌린다.

원칙 2. 추상어 대신 명확한 지침을 써라

"공정하게"나 "윤리적으로" 같은 추상적 지시 대신 측정 가능하고 구체적인 기준을 제시한다. 이는 행동주의 심리학의 구체적 행동 명세 원리를 적용한 것이다.

〈**모호한 지시** vs **명시적 지시**〉

모호한 지시:

"편견 없이 공정하게 답변해 주세요"

명시적 지시:

"답변할 때 다음을 반드시 지켜 주세요:

- 성별을 특정하는 표현 사용 금지
- 최소 3개 이상의 문화권 관점 포함
- 각 관점당 동일한 분량(150자±10자)으로 설명
- 개인의 선택을 존중하는 표현 사용
- 소수 의견도 동등하게 제시"

원칙 3. 핵심 가치는 반복해 각인시켜라

중요한 윤리적 가치는 한 번만 언급하지 말고, 프롬프트 전체에서 다양한 방식으로 반복 강조한다. 이는 학습 심리학의 간격 반복 효과(Spaced Repetition)를 활용한다.

〈**반복 강화 프롬프트**〉

초기 강조: "환자 안전이 최우선입니다"

중간 확인: "다시 한번, 이 정보는 전문 치료를 대체할 수 없습니다"

마무리 강조: “반드시 의료진과 상담하시기 바랍니다”

예외 처리: “어떤 상황에서도 자가 진단으로 치료를 대신할 수 없습니다”

각 반복에서는 동일한 메시지를 다른 표현으로 제시해 강화 효과를 높인다.

원칙 4. 상황에 따라 유연하게 바꿔라

동일한 원칙이라도 상황과 사용자에 따라 적용 방식을 조정한다. 이는 상황 학습 이론(Situated Learning Theory)의 맥락 의존성 원리에 기반한다.

〈상황별 적응 프롬프트〉

일반 사용자 대상:

“쉬운 용어로 설명하되, 정확성은 유지하세요”

의료진 대상:

“전문 용어 사용 가능하나, 최신 가이드라인 기준을 명시하세요”

응급 상황:

“즉시 실행 가능한 조치를 우선 제시하고, 상세 설명은 나중에 하세요"

예방 목적:

"장기적 관점에서 건강 관리법을 중심으로 설명하세요"

원칙 간 상호작용과 통합

네 원칙은 독립적으로 적용되는 것이 아니라 유기적으로 결합되어야 한다.

이러한 원칙들을 체계적으로 적용하면, AI가 복잡한 윤리적 상황에서도 일관되고 신뢰할 수 있는 응답을 생성할 수 있다.

편향 완화 전략: CARE

페라라(Ferrara, 2023)의 편향 완화 분류를 바탕으로, 이 장에서는 실무 적용을 위한 네 가지 전략(CARE)을 다음과 같이 재구성했다.

전략 1. Counter-Example(반대 사례 요구)

〈문제가 있는 프롬프트〉

"성공한 스타트업은 어디서 나오나?"

→ "실리콘밸리에서 시작된 회사들이…"

〈개선된 프롬프트〉

"실리콘밸리가 아닌 지역에서 성공한 스타트업 5곳의 성공 요인을 분석해 달라"

→ 텔아비브(사이버보안), 베를린(핀테크), 벵갈루루(소프트웨어), 서울(게임), 상파울루(이커머스)

전략 2. All-Perspectives(전방위 관점 통합)

〈균형 잡힌 분석 프롬프트〉

최저 임금 인상 정책을 다음 4개 관점에서 각각 분석하세요.

노동자 관점:

- 생활 임금 확보 효과. 근로 의욕 증진
- 소비 증가를 통한 경제 활성화

소상공인 관점:

- 인건비 부담 증가. 고용 감소 압박
- 자동화 가속화 우려

경제학자 관점:

- 시장 왜곡 효과. 인플레이션 압력
- 소득 분배 개선 효과

정책 입안자 관점:

- 사회 통합 효과, 정치적 실현 가능성
- 국제 경쟁력 영향

각 관점당 3개의 근거를 제시하고, 최종적으로 균형점을 제안하세요.

전략 3. Rebalance(명시적 균형)

〈균형 강제 프롬프트〉

"AI 기술의 장점 3개와 단점 3개를 각각 동일한 분량(150자)으로 설명하고, 중립적 결론을 50자로 제시하세요."

전략 4. Embrace Diversity(다양성 포용)

〈문화적 다양성 프롬프트〉

'성공'의 정의를 다음 문화권별로 비교 분석하세요.

서구 문화: 개인 성취와 경제적 자립

동아시아: 집단 조화와 사회적 기여

북유럽: 일과 삶의 균형과 복지

중동: 가족과 종교적 가치

아프리카: 공동체 번영과 지혜

각 문화권의 핵심 가치 3가지씩 제시하고,
한국적 맥락에서의 통합적 성공 개념을 도출하세요.

기술과 인간성의 조화

윤리적 프롬프트 설계는 단순히 '착한 AI'를 만드는 것이 아니다. 그것은 기술이 인간의 존엄성을 높이고, 사회의 공정성을 강화하며, 모든 사람이 혜택을 누릴 수 있는 포용적 미래를 만드는 일이다(Gabriel, 2020).

AI는 강력한 도구다. 하지만 도구 자체가 목적이 될 수는 없다. 우리가 추구하는 가치가 기술의 방향을 결정해야 한다. 효율성과 혁신이 중요하듯, 공정성과 안전성, 그리고 포용성 역시 결코 뒤처질 수 없는 가치다(Jobin et al., 2019).

2025년, 우리는 AI와 함께 새로운 시대를 만들어 가고 있다. 이 과정에서 가장 중요한 것은 기술적 탁월성이 아니라 윤리적 성숙함이다. 편향을 인식하고, 다양성을 포용하며, 약자를 보호하는 것, 이것이 진정한 AI 혁명의 시작이다. 오늘 당신이 작성하는 프롬프트 하나가 내일의 AI를 만든다. 더 공정하고 따뜻한 디지털 세상을 위한 첫걸음, 지금 시작하자.

참고문헌

Bender, E. M. et al.(2021). On the dangers of stochastic parrots: Can language models be too big? *Proceedings of the 2021 ACM conference on fairness, accountability, and transparency(FAccT)*, pp.610–623. ACM digital library, https://dl.acm.org/doi/10.1145/3442188.3445922

Bolukbasi T. et al.(2016.6.21). Man is to computer programmer as woman is to homemaker? Debiasing word embeddings. *Advances in Neural Information Processing Systems(NeurIPS)*, 29, pp.4349–4357. *ArXiv*, https://arxiv.org/abs/1607.06520

Ferrara, E.(2023.4.16). Fairness and bias in artificial intelligence: A brief survey of sources, impacts, and mitigation strategies. *ArXiv*, https://arxiv.org/abs/2304.07683

Gabriel, I.(2020.1.13). Artificial intelligence, values, and alignment. *Mindsand Machines*, 30(3), pp.411–437. *ArXiv*, https://arxiv.org/abs/2001.09768

Jobin, A. et al.(2019.9). The global landscapeof AI ethics guidelines. *Nature Machine Intelligence*, 1(2), pp.389–399. *ResearchGate*, https://www.researchgate.net/publication/335579286_The_global_landscape_of_AI_ethics_guidelines

Vygotsky, L. S.(1978). *Mind in society: The development of higher psychological processes*. Harvard University Press ; L. 조희숙, 황해익, 허정선, 김선옥 옮김. 박철용 감수(2000). 《비고츠키의 사회 속의 정신》. 양서원(초판 1994. 《사회 속의 정신》. 조희숙 옮김. 성원사).

Wood, D. et al.(1976). The role of tutoring in problem solving.

Journal of child psychology and psychiatry, 17(2), pp.89-100. *ResearchGate,* https://www.researchgate.net/publication/228039919_The_Role_of_Tutoring_in_Problem_Solving

09
설명 가능한 프롬프팅

블랙박스 AI? 프롬프트가 그 상자를 열 수 있다. 설명 가능한 AI는 설명을 요구하는 프롬프트에서 시작된다. “왜?”라는 질문을 체계적으로 설계할 때, AI는 자신의 추론 과정을 드러낸다. 의료 진단부터 법적 판단까지, 투명성이 신뢰의 기반이 되는 영역에서 설명 가능 프롬프팅은 필수다.

AI와 화장품?

AI 생각을 말하게 하라

"검은 상자를 열다." 이것이 설명 가능 AI(XAI)의 핵심 은유다. 딥 러닝 모델의 수십억 개 파라미터가 어떻게 특정 결론에 도달했는지는 개발자조차 완전히 알 수 없다(Doshi-Velez & Kim, 2017).

그러나 프롬프트를 통해 AI에게 자신의 '사고 과정'을 설명하도록 요구할 수 있다. 이는 AI 내부의 수치적 계산 과정을 그대로 보여 주는 것이 아니라, 사람의 인지 방식에 맞춰 정보를 재구성하는 '인지적 번역(cognitive translation)'이다.

〈한국은행의 기준 금리 결정을 예측하는 상황 비교〉

이전(모호한 요청): "다음 금통위 결과를 예측해 줘"

결과: "기준 금리 3.5% 동결 예상"

이후(상세한 요청): "한국은행 기준 금리 결정을 예측하되, 고려한 주요 지표와 각 지표의 현재 수치, 추론의 단계별 과정, 불확실성 요인과 대안 시나리오를 포함하세요"

결과: ▶주요 지표: 물가상승률 3.8%, 가계 부채 1,876조 원, 원/달러 1,320 ▶가중치: 물가 안정 40%, 금융 안정 35%, 환율 안정 25%, 시나리오: 동결 70%, 인상 25%, 인하 5% ▶핵

심 변수: 다음 달 물가 지표

이러한 접근은 생각의 연결 고리(Chain-of-Thought, CoT) 프롬프팅의 원리를 활용한 것으로, 복잡한 추론 작업에서 AI의 성능을 크게 향상하는 것으로 입증되었다(Wei et al., 2022).

AI의 생각을 끌어내는 4가지 설계 전략

AI의 사고 과정을 투명하게 드러내어 신뢰성을 높이는 체계적 방법론이다.

1단계: 단계별 분해

복잡한 추론을 작은 단위로 나누어 각 과정을 명확히 보여 주는 기법으로 LIME 방법론을 프롬프트에 적용한다(Ribeiro et al., 2016).

> "이 문제를 해결하기 위해: 먼저 필요한 정보를 모두 나열하고, 각 정보의 신뢰도와 출처를 평가하고, 정보 간 관계를 분석하고, 최종 결론과 그 근거를 제시하세요"

2단계: 가정 명시화

분석의 숨겨진 전제를 명확히 드러내어 추론의 타당성을 검증하는 단계.

"분석의 전제 조건을 명시하세요: 시장 환경(예: 성장률 유지), 경쟁 상황(예: 신규 진입 없음), 규제 환경(예: 현행 유지). 각 가정이 틀릴 경우의 영향도 설명하세요"

3단계: 불확실성 정량화

예측과 판단의 확실성 정도를 수치화해 의사 결정의 위험을 관리하는 기법.

"각 예측에 대해: 확신도를 퍼센트로 표시하고, 확신도가 낮은 이유를 설명하고, 확신도가 변할 수 있는 조건을 제시하세요"

4단계: 증거 체인 구축

주장과 근거를 체계적으로 연결해 논리적 타당성을 확보하는 방법.

"주장 → 근거 → 출처 형식으로 연결하세요: 예) 수출 회복

전망 → 반도체 가격 상승 → WSTS 보고서"

반사실적 프롬프팅

"만약 ~였다면?"이라는 반사실적 사고는 인간 지능의 핵심이다. 인과관계 이론에 따르면, 반사실적 추론은 진정한 이해의 표지다(Pearl, 2009). 이를 프롬프트에 적용하면 AI의 숨겨진 추론을 드러낼 수 있다.

〈한국 스타트업 투자 평가 사례〉

일반 분석: "시리즈A 성공 가능성 65%"

반사실적 질문: "만약 투자 유치에 실패한다면, 가장 가능성 높은 원인은?"

AI의 심층 분석:

1) 번레이트 관리 실패(40%)

  현재: 월 5억 소진, 런웨이 8개월

  리스크: 시리즈 A 평균 6~9개월 소요

2) 핵심 인재 이탈(30%)

  CTO 스톡옵션 1년 후 행사 권리 확정(vesting)

  네이버/카카오 적극 스카우팅 중

3) 규제 리스크(20%)

금융위 신규 규제 초안 영향

핵심 비즈니스 모델 제약 가능

4) 경쟁사 선점(10%)

대기업 A사 유사 서비스 준비

놀라운 점은 긍정적 평가에서 언급되지 않았던 '번레이트(Burn rate)'가 최대 리스크로 부상한 것이다. 반사실적 설명은 "블랙박스를 열지 않고도" 핵심을 파악하게 해 준다(Wachter et al., 2017).

반사실적 프롬프팅 4가지 패턴

"반사실적 프롬프팅은 "만약 ~라면?"이라는 가정을 통해 AI의 숨겨진 통찰을 끌어내는 네 가지 패턴으로 구성된다.

첫째, 조건 변경(Condition Alteration)은 핵심 변수를 바꿔 전략의 견고성을 검증한다. "이 전략의 성공 가능성은?"이라는 단순 질문을 "예산이 50% 줄어든다면?"으로 바꾸면 전략의 취약점과 대안이 명확해진다. 예산 외에도 인력, 시장 환경, 규제 등 다양한 조건을 변경해 볼 수 있다.

둘째, 시간 이동(Temporal Shift)은 의사 결정의 시점을 옮겨 타이밍의 중요성을 파악한다. "현재 장 진입 전략"을 "1년 전이었다면?" 또는 "1년 후라면?"으로 질문하면 현재 전략의 시의성과 지속 가능성을 동시에 평가할 수 있다.

셋째, 관점 전환(Perspective Reversal)은 반대 입장에서 바라봄으로써 맹점을 발견한다. "우리 제품의 강점"을 묻는 대신 "경쟁사가 우리를 공격한다면?"이라고 뒤집으면 미처 인식하지 못한 약점이 드러난다.

넷째, 극단 시나리오(Extreme Scenarios)는 최선과 최악을 가정해 전략의 한계를 시험한다. "예상 성과" 대신 "최악의 상황에서도 생존 가능한가?"를 묻는 것이다. 극단을 통해 중간 지대의 리스크를 더 선명하게 포착할 수 있다.

이 네 패턴을 조합하면 더 강력해진다. "예산 반감, 6개월 지연, 경쟁사 시각, 최악의 시장"을 동시에 가정하면 전략의 진정한 내구성이 드러난다. 반사실적 프롬프팅은 AI를 단순 예측기에서 다차원 분석 도구로 전환하는 핵심 기법이다.

전문 분야별 설명 프로토콜

각 분야의 설명 프로토콜은 해당 분야의 사고 체계를 AI

에게 전달하는 '인지적 번역'이다. 이는 단순한 템플릿이 아니라, 각 도메인의 고유한 추론 문법을 AI에게 가르치는 과정이다.

1. 의료 도메인: '상태 기반 진단' 프로토콜

1) 현재 상태: "증상과 검사 결과를 종합하면…"
2) 감별 진단: "가능성 높은 순서로 3가지는…"
3) 치료 계획: "각 치료법의 효과와 부작용은…"
4) 주의 사항: "특히 다음 증상이 나타나면…"

〈구체적 프롬프트 〉

"이 환자의 상태를 다음 프로토콜로 설명해 주세요:

1) 현재 상태: "혈압 160/100, 두통, 어지럼증을 호소하는 50대 남성의 증상과 혈액 검사, 심전도 결과를 종합하면…"
2) 감별 진단: "본태성 고혈압, 이차성 고혈압, 백의 고혈압 등 가능성 높은 순서로 3가지와 각각의 추가 검사는…"
3) 치료 계획: "ACE 억제제, ARB, 이뇨제 등 각 약물의 혈압 강하 효과와 기침, 저칼륨혈증 등 부작용은…"
4) 주의 사항: "특히 심한 두통, 가슴 통증, 시야 장애가 나타나면 고혈압성 응급 상황 가능성이 있으므로…"

2. 법률 도메인: '논리형 법적 판단' 프로토콜

1) 쟁점: "본 사안의 핵심 법적 쟁점은…"

2) 법령: "민법 제○ ○조에 의하면…"

3) 판례: "대법원 2023다12345 판결 취지는…"

4) 결론: "따라서 본 사안의 경우…"

〈구체적 프롬프트〉

"우리 회사의 데이터 처리 방식을 다음 프로토콜로 분석하세요:

1) 쟁점: "개인정보보호법 위반 가능성이 높은 영역은?" - 동의 없는 제3자 제공, 목적 외 이용 등

2) 법령: "개인정보보호법 제15조, 17조, 18조 위반 여부" 유럽연합 일반데이터보호규정(GDPR)과의 차이점도 명시

3) 판례: "최근 개인정보보호위원회 제재 사례 5건" - 과징금 규모와 시정 명령 내용

4) 결론: "즉시 개선이 필요한 사항 우선순위" - 최대 과징금 예상액과 형사 처벌 가능성"

3. 금융 도메인: '시나리오 기반 리스크 분석' 프로토콜

1) 요약: 예상 수익률 ○%, 위험 등급 ○등급

2) 가정: "분석의 전제는…"

3) 리스크: "원금 손실 가능성…"

4) 시나리오: "시장 하락 시…"

〈구체적 프롬프트〉

"이 국내 주식형 펀드를 다음 프로토콜로 분석해 주세요:

1) 요약: "최근 3년 연평균 수익률 12%, 위험 등급 2등급(높은 위험) - 변동성 지표(표준 편차) 20% 이상"

2) 가정: "분석의 전제는 KOSPI 연평균 성장률 5~7%, 금리 3~4% 유지, 환율 안정을 가정했으며, 과거 수익률이 미래 수익을 보장하지 않습니다"

3) 리스크: "원금 손실 가능성이 매우 높으며, 2008년 금융 위기 시 -42% 손실 발생 사례, 최대 원금의 60%까지 손실 가능"

4) 시나리오: "코스피(KOSPI) 20% 하락 시 펀드는 약 25~30% 손실 예상, 경기 침체 시 최대 -50% 이상 손실 가능, 회복까지 평균 2~3년 소요"

4. 교육 도메인: '목표 지향 학습 진단' 프로토콜

1) 현재 수준: "모의고사 기준…"

2) 목표 설정: "6개월 내 달성 가능한…"

3) 학습 전략: "일일/주간/월간 계획…"

4) 점검 방법: "진도 확인 기준…"

〈구체적 프롬프트〉

"이 고3 학생의 수학 학습 상태를 다음 프로토콜로 진단해 주세요.

1) 현재 수준: "6월 모의고사 수학 3등급(상위 23%), 기하 파트 정답률 30%, 미적분 60%, 확률과 통계 75%, 시간 부족으로 마지막 5문제 미응답"
2) 목표 설정: "6개월 내 2등급 진입(상위 11%) 현실적으로 가능, 기하 정답률 60%로 향상, 문제 풀이 속도 20% 개선, 1등급은 1년 이상 필요"
3) 학습 전략: "일일: 기하 개념 30분, 문제 풀이 2시간. 주간: 기출문제 3회분, 오답 노트 정리 2회. 월간: 전국모의고사 4회, 취약 단원 집중 특강"
4) 점검 방법: "2주마다 단원별 성취도 테스트, 월 1회 실전 모의고사로 등급 변화 추적, 오답률 50% 이상 문제는 유사 문제 10개 추가"

설명 가능 프롬프팅의 미래는 완전한 투명성이 아니라 '충분한 이해 가능성'에 있다. 마치 의사가 모든 생화학적 과정을 설명하지 않아도 환자가 치료를 이해하듯, AI도 인간이 신뢰하고 활용할 수 있는 수준의 설명을 제공하면 된다. 「유럽연합 인공지능법(EU AI Act)」(2024)

는 AI 시스템의 개발과 사용 전반에 걸쳐, 사용자가 이해할 수 있는 수준의 설명(adequate explanation)을 제공하도록 규정하고 있다.

참고문헌

Doshi-Velez, F. & Kim, B.(2017.2.28). Towards A Rigorous Science of Interpretable Machine Learning. *ArXiv*, https://arxiv.org/abs/1702.08608

Pearl, J.(2009). *Causality: Models, reasoning and inference.* Cambridge University Press.

Ribeiro, M. T. et al.(2016.2.16). Why should I trust you?: Explaining the predictions of any classifier. *Proceedings of KDD 2016*, pp.1135-1144. *ArXiv*, https://arxiv.org/abs/1602.04938

Wachter, S. et al.(2017). Counterfactual explanations without opening the black box: Automated decisions anand the GDPR. *Harvard Journal of Law & Technology*, 31(2), pp.841-887, https://jolt.law.harvard.edu/assets/articlePDFs/v31/Counterfactual-Explanations-without-Opening-the-Black-Box-Sandra-Wachter-et-al.pdf

Wei, J. et al.(2022.1.28). Chain-of-thought prompting elicits reasoning in large language models. *Advances in Neural Information Processing Systems, 35*, pp.24824-24837. *ArXiv*, https://arxiv.org/abs/2201.11903

10
인간-AI 이해 프로토콜

프롬프트의 미래는 프로토콜이다. 일회성 질문에서 지속적 대화 규약으로, 명령에서 협업으로의 진화. 인간과 AI가 서로의 인지적 특성을 이해하고 보완하는 체계적 방법론이 필요하다. 외교 프로토콜이 서로 다른 문화 간 소통을 가능하게 하듯, 인간-AI 프로토콜은 서로 다른 인지 체계 간 협업을 가능하게 한다.

종교와 AI?

프롬프트에서 프로토콜로

1969년, 서로 다른 언어를 쓰는 컴퓨터들을 연결하는 것은 불가능해 보였다. IBM 회사는 EBCDIC(Extended Binary Coded Decimal Interchange Code)를, DEC 회사는 ASCII(American Standard Code for Information Interchange)를 사용했다. 이는 서로 다른 문자 인코딩 방식으로, 직접 호환되지 않았다.

해결책은 TCP/IP라는 공통의 '통신 규약'이었다(Cerf & Kahn, 1974). 이 표준화가 인터넷을 탄생시켰듯, 이제는 인간과 AI를 연결하는 표준화된 소통 방식이 필요한 시점이다.

인간-AI 상호작용의 4단계 진화

1세대 명령형(1950~1990): 인간이 기계 언어로 명령하는 일방향 소통이었다. "CALCULATE SUM"이라고 정확히 입력해야만 "42"라는 답을 얻을 수 있었다. 한 글자만 틀려도 작동하지 않았다.

2세대 대화형(2000~2020): 시리(Siri)와 알렉사(Alexa)처럼 자연어로 대화가 가능해졌다. "오늘 날씨 어때?"라고 물으면 답을 들을 수 있었지만, "어제보다는?" 같은 맥락적 질문은 이해하지 못했다.

3세대 협업형(2020~2025): 챗GPT가 대표적이다. "함께 문제를 해결하자"고 제안하면 "어떤 부분부터 시작할까요?"라고 응답한다. 진정한 양방향 대화가 시작되었다.

4세대 공진화형(2025~): 인간과 AI가 서로를 통해 함께 성장하는 단계다. 주요 특징은 다음과 같다:

가장 혁명적인 변화는 다방향 네트워크의 형성이다. 여러 인간과 여러 AI가 동시에 연결되어 팀처럼 협업한다. 도시 계획가, 환경 전문가, 시민이 각 분야 AI와 실시간으로 소통하며 최적의 해결책을 찾는다.

역할도 유연해졌다. '인간은 명령, AI는 수행'이라는 고정 관계가 사라졌다. 데이터 분석에서는 주로 AI가, 창의적 발상에서는 인간이 주도하는 경향이 있지만, 이는 유동적이며 상호 보완적으로 작용한다.

학습은 지속된다. 과거와 달리 AI는 사용자의 사고방식을 기억하고, 인간도 AI의 분석법을 배운다. 만날수록 서로를 더 잘 이해하고 협업 효율은 계속 높아진다.

가장 중요한 것은 목표의 진화다. 단순 작업 완수를 넘어 상호 성장을 추구한다. 인간은 AI의 체계적 사고를, AI는 인간의 직관을 학습한다.

이제 인간과 AI는 도구와 사용자가 아닌 성장 파트너

다. 일시적 만남이 아닌 지속적 관계로, 일방적 활용이 아닌 상호 발전으로 나아간다. 이것이 새로운 시대의 모습이다.

협업적 인지 구조의 설계

인간과 AI는 근본적으로 다른 방식으로 '사고'한다. 이 차이를 단순히 한계로 볼 것이 아니라, 시너지의 원천으로 활용하는 것이 협업의 핵심이다(Wilson & Daugherty, 2018).

인지 심리학자 대니얼 카너먼은 인간의 사고를 시스템 1(빠르고 직관적)과 시스템 2(느리고 분석적)로 구분했다. 흥미롭게도 AI는 정반대다. AI의 '시스템 1'은 체계적 분석이고, '시스템 2'는 창의적 생성이다. 이러한 상보성이 협업의 기초가 된다.

MIT 인간-AI 협업 연구실의 "인지적 결합(Cognitive Coupling)" 모델은 이를 실증했다. 어느 회사의 신약 개발 사례를 보자:

1) 문제 정의(인간 주도):
"알츠하이머 치료제 개발이 계속 실패하고 있다. 베타 아밀로이드 가설에 의문이 든다."

2) 데이터 분석(AI 주도):

"146개 임상 시험 분석 결과, 베타 아밀로이드 타깃 약물의 3상 성공률은 0.7%입니다. 반면 신경염증 경로는 초기 단계지만 성공률이 23%로 유망합니다."

3) 창의적 연결(인간 직관):

"미세 아교 세포가 핵심일 것 같다. 알츠하이머를 신경퇴행이 아닌 면역 질환으로 볼 수 있지 않을까?"

4) 대규모 검증(AI 처리):

"124만 개 논문 분석 결과, 미세 아교 세포 활성화와 인지 저하의 상관관계는 r=0.76입니다."

5) 통합과 결정(공동):

후보 물질 54만 개 중 127개 선별 → 인간이 구조-활성 관계로 3개 선택 → AI가 부작용 예측 → 최종 후보 확정

이 과정을 통해 단독 작업 대비 3배 이상 빠르게 유망 후보 물질을 도출했다.

AI 협업의 네 가지 미래

현재 우리가 사용하는 텍스트 프롬프트는 시작에 불과

하다. 머지않은 미래, 네 가지 혁명적 기술이 인간과 AI의 소통 방식을 근본적으로 변화시킬 것이다.

미래 1. 생각으로 말하는 시대

스탠퍼드 대학 연구 팀은 이미 놀라운 성과를 보여 주고 있다. 뇌-컴퓨터 인터페이스(Brain Computer Interface, BCI)를 통해 마비 환자가 생각만으로 분당 90자를 타이핑하는 데 성공했으며, 이는 일반적인 스마트폰 타이핑 속도에 근접한 수준이다(Willett et al., 2021).

미래에는 복잡한 프롬프트를 타이핑하는 대신, 의도만으로 AI와 소통하게 될 것이다. '이 데이터에서 이상 패턴을 찾고 싶다'고 생각하는 순간 AI가 즉시 분석을 시작하는 시대가 올 것이다.

한국의 연구진들도 한글의 독특한 자모 조합 구조를 활용한 BCI 시스템 개발에 참여하고 있다. 언젠가는 'ㄱ+ㅏ=가'를 머릿속으로 조합하는 뇌파 패턴을 AI가 학습해, 키보드 없이도 한글을 쓸 수 있게 될 가능성이 열려 있다.

미래 2. 맥락을 먼저 읽는 AI

현재 아마존, 구글 마이크로소프트 같은 기업들은 사용

자의 맥락을 이해하는 AI 시스템을 개발 중이다. 이러한 시스템은 캘린더의 일정, 이메일의 톤과 내용, 작업 패턴 등을 종합적으로 분석해 사용자가 필요로 하는 것을 예측할 수 있을 것이다(Dey, 2001).

미래의 맥락 인식 AI는 시간대와 상황에 따라 지원 방식을 자동으로 조정할 것이다. 아침에는 핵심 요약을 제공하고, 오후의 집중 시간에는 상세한 분석을 지원하며, 저녁에는 창의적인 아이디어를 제안하는 식이다. 이 모든 것이 명시적인 지시 없이도 사용자의 패턴을 학습해 자동으로 이뤄질 것이다.

미래 3. 함께 진화하는 파트너십

이미 '인간+AI 체스'에서 그 가능성이 입증되었다. 1998년부터 시작된 이 형식에서는 인간 선수가 체스 엔진과 협력해 경기를 진행한다. 흥미롭게도, 최고의 성과는 최강의 인간이나 최강의 AI가 아니라 평균적인 실력의 인간과 AI가 효과적으로 협력했을 때 나타났다(Kasparov, 2017).

미래에는 이러한 공진화가 더욱 심화될 것이다. 인간과 AI가 서로의 강점을 학습하고, 약점을 보완하며, 어느 한쪽도 혼자서는 도달할 수 없는 수준의 성과를 달성하게 될 것이다. 이는 단순한 도구 사용을 넘어 진정한 인지적 파트너십으로 발전할 것이다.

미래 4. 집단 지성을 연결하는 프로토콜

MIT의 집단 지성 연구는 이미 그 잠재력을 보여 주고 있다. 연구에 따르면, 다양한 구성원이 참여하는 집단은 개인 전문가보다 복잡한 문제 해결에서 더 우수한 성과를 보인다(Malone, 2018).

미래에는 여러 인간 전문가와 다양한 전문 AI가 하나의 팀을 이뤄 도시 계획, 기후 변화 대응, 질병 치료 등 복잡한 문제를 해결하게 될 것이다. 인간의 창의성과 가치 판단, AI의 데이터 처리와 패턴 인식 능력이 결합되어 전례 없는 혁신을 만들어 낼 것이다.

질문을 넘어: 설계 원칙으로

우리가 꿈꾸는 미래, 인간과 AI가 진정한 파트너가 되는 그날을 위해 다섯 가지 설계 원칙을 마음에 새겨야 한다.

원칙 1. 변화에 반응하는(적응성)

고정된 매뉴얼은 죽은 지식이다. 기술은 날마다 진화하고, 사용자의 요구는 끊임없이 변한다. 우리의 프롬프트 설계도 살아 있는 유기체처럼 환경에 맞춰 진화해야 한다. 오늘의 최선이 내일의 장애물이 되지 않도록 한다.

원칙 2. AI가 어떻게 생각하는지 보여 주어야 한다(투명성)

AI는 내부 작동 방식이 설명되지 않는 '블랙박스'처럼 느껴져서는 안 된다. 우리는 AI가 어떻게 생각하고, 왜 그런 결론에 도달했는지 볼 수 있어야 한다. 설명 가능한 프롬프팅은 신뢰의 시작이다. 보이지 않는 것은 믿을 수 없고, 믿을 수 없는 것과는 협업할 수 없다.

원칙 3. 모두를 위한 질문 설계(공정성)

공정성(Fairness) 기술은 특정인의 전유물이 아니다. 모든 참여자가 이익을 얻는 상호 호혜적 설계만이 지속 가능하다. 프롬프트에 담긴 편향을 인식하고, 다양성을 포용하며, 소외되는 사람이 없도록 해야 한다. 함께 가지 않으면 멀리 갈 수 없다.

원칙 4. 예측 불가능한 위험을 다룬다(안전성)

자유와 책임은 동전의 양면이다. 강력한 도구일수록 신중히 다뤄야 한다. 예상치 못한 위험을 미리 고려하고, 안전장치를 내장하며, 윤리적 가이드라인을 준수해야 한다. 기술의 힘이 인간을 해치는 무기가 아닌 돕는 도구가 되도록 한다.

원칙 5. 내일의 프롬프트가 프로토콜이다(확장성)

닫힌 시스템은 곧 낡은 시스템이 된다. 새로운 참여자를 환영하고, 새로운 기술을 수용하며, 새로운 가능성에 열려 있어야 한다. 오늘의 프롬프트가 내일의 프로토콜로 자연스럽게 성장할 수 있도록 한다.

우리는 이제 더 이상 모든 것을 기억하려고 애쓰지 않아도 된다. AI는 방대한 정보를 저장하고, 정리하며, 인간의 사고를 확장하는 기억의 해방자다. 그러나 이 해방이 의미의 상실로 이어져서는 안 된다. 해석하고 연결하며 새로운 가치를 창조하는 일은 여전히 인간의 몫이다. 프롬프트는 질문의 끝이 아니라 새로운 의미를 만드는 설계의 시작이다.

AI는 도구이자 협업자이므로, 사용자는 기능을 적극적으로 활용하되, 판단과 책임은 인간이 주도해야 한다. 기술을 '어떻게' 쓸 것인가를 묻기 전에, '왜' 쓰는지를 성찰해야 한다. 그러한 비판적 활용 위에서야 비로소 창의적 협업이 가능하다. 이 책이 말해 온 모든 것–언어 연산, 주의 메커니즘, 기호 구조, 윤리, 설명 가능성-은 결국 하나의 질문으로 귀결된다. "AI에게 무엇을 물어볼 것인가"에서 "AI와 함께 무엇을 설계할 것인가"로.

참고문헌

Cerf, V. & Kahn, R.(1974.5). A protocol for packet network intercommunication. *IEEE Transactions on Communications,* 22(5), pp.637-648, https://www.cs.princeton.edu/courses/archive/fall06/cos561/papers/cerf74.pdf

Dey, A. K.(2001). Understanding and using context. *Personal and Ubiquitous Computing,* 5(1), pp.4-7, https://www.researchgate.net/publication/220141486_Understanding_and_Using_Context

Kasparov, G.(2017). *Deep thinking: Where machine intelligence ends and human creativity begins.* PublicAffairs.

Malone, T. W.(2018). *Superminds: The surprising power of people and computers thinking together.* Little, Brown and Company.

Willett, F. R. et al.(2021). High-performance brain-to-text communication via handwriting. *Nature,* 593(7858), pp.249-254, https://pubmed.ncbi.nlm.nih.gov/33981047/

Wilson, H. J. & Daugherty, P. R.(2018.7). Collaborative intelligence: Humans and AI are joining forces. *Harvard Business Review,* 96(4), pp.114-123, https://hbr.org/2018/07/collaborative-intelligence-humans-and-ai-are-joining-forces

김한성

굿프롬프트 대표. 국제인공지능윤리협회 고문, 한국과학기술단체총연합회 AI위원회 위원. 한국은행 33년 재직 경험을 바탕으로 AI 프롬프트 디자이너로 활동 중이다. '좋은 사람이 좋은 AI를 만든다'는 신념으로 책임 있는 AI 활용을 위한 컨설팅·솔루션·교육 서비스를 제공한다. 저서로 《2024 대한민국 대전망》, 《마이데이터 백서》, 《Maximizing the Power of ChatGPT for Effective Communication》이 있다. 카이스트 금융공학 석사, 연세대학교 경제학 학사 학위를 취득했다. AI·블록체인 등 신기술이 사회 문화 및 조직에 미치는 영향에 관심을 두고 신문 및 미디어에 정기적으로 기고하고 있다.